# Die k.u.k. Riviera

101 ABBILDUNGEN

ALFRED NIEL

# Die k.u.k. Riviera

## VON ABBAZIA BIS GRADO

VERLAG STYRIA  GRAZ WIEN KÖLN

CIP-Kurztitelaufnahme der Deutschen Bibliothek

**Niel, Alfred:**
Die K. u. K. Riviera / Alfred Niel. –
1.–4. Tsd. – Graz; Wien; Köln:
Styria, 1981.
ISBN 3-222-11332-7

© 1981  Verlag Styria  Graz Wien Köln
Alle Rechte vorbehalten
Printed in Austria
Graphische Gestaltung:
Michael Kernasenko, Graz
Umschlagbild: I. M. Auchentaller,
Historisches Museum der Stadt Wien
Umschlaggestaltung: H. Paar, Graz
Satz, Lithos und Druck:
Druck- und Verlagshaus Styria, Graz
Bindung:
Wiener Verlag, Himberg bei Wien
ISBN 3-222-11332-7

## Bildnachweis

Archiv Dr. Wladimir Aichelburg, Wien  9, 19,
    38, 47f., 50f., 71, 77, 89, 94f., 109, 113, 115
Badener Zeitung, Baden  60
Bildarchiv der Österreichischen Nationalbiblio-
    thek, Wien  10, 14, 22 (2), 23 (2), 28f., 35,
    39, 41, 72, 78, 82, 90, 97, 107, 110
Prof. Dr. Vanda Ekl, Matulji  55, 57
Sammlung Harald Hermann, Wien  64, 66
Historisches Museum der Stadt Wien  73
Institut für Geschichte der Medizin, Wien
    34, 91
Familienarchiv Kloss, Baden  83f., 87
Archiv Gunther Martin, Wien–Salzburg  103
Archiv, G. H. Metzeltin, Lugano  25
Österreichische Bauzeitung, Wien  68
Österreichische Nationalbibliothek, Wien  93
Österreichisches Eisenbahnmuseum, Wien
    24, 26f.
Österreichisches Staatsarchiv-Verkehrsarchiv,
    Wien  63, 65
Drago Poščič, Opatija  42, 52, 75
Sophie Püchel, Wien  85
Sammlung Hans Rindt, Bischofsheim, BRD  18
Sammlung Giulio Roselli, Triest  112
Sammlung Rudolf Schlick-Bolfras, Baden  67
Wiener Stadt- und Landesarchiv, Wien  7, 21
Sammlung Ing. Adolf Tegtbauer, Baden  114

Die nichtangegebenen Bilder entstammen aus
dem Privatarchiv des Verfassers.

# Inhaltsverzeichnis

# Vorwort

In der Zeit vor dem Ersten Weltkrieg hatte jeder Wiener Bahnhof seine Sonderstellung, sein eigenes Gepräge und sein spezielles Reisepublikum. Es gab damals, in der Hochblüte des Eisenbahnzeitalters, nämlich auch unter den Bahnhöfen gewisse nicht zu übersehende Klassenunterschiede wie in den Zügen selbst.

Der Westbahnhof war der Bahnhof der Berge. Den Fernzügen aus Tirol und der Schweiz entstiegen vornehmlich gebirgsmäßig ausgerüstete Heimkehrer; Gamsbart, Rucksack und Dirndl beherrschten die Perronszene. Am Franz-Josefs-Bahnhof wiederum rollten die Luxuszüge aus den böhmischen Bädern ein. Die braunen, teakholzgetäfelten Waggons strahlten Noblesse und repräsentative Würde aus, und selbst den soigniert pfeifenden, hochrädrigen Lokomotiven konnte man eine gewisse Grandezza nicht absprechen. Der Ostbahnhof, damals Staatsbahnhof genannt, war die Domäne des Nahverkehrs. Die überfüllten Züge zischten und polterten in die Halle, als ärgerten sie sich darüber, beinahe Lastzüge sein zu müssen, wenn sie Familien mit Kind und Kegel, Körben und Taschen und der halben Kücheneinrichtung vom Sonntagsausflug heimbeförderten. Der Südbahnhof schließlich hatte seine Faszination darin, daß er hoffnungsvoller Start und glanzvoller Endpunkt jener Züge war, welche die Haupt- und Residenzstadt mit den Adriahäfen Triest und Fiume und den Badeorten an der österreichischen Riviera verbanden. Die Abreisenden vermeinten hier bereits Seeluft zu schnuppern, die Ankommenden aber waren sonnengebräunt, sportlich-elastisch und streuten in ihre überschwenglichen Erlebnisberichte gerne das eine oder andere italienische Wort ein.

Wer sich's halbwegs richten und leisten konnte – dies war freilich nur einer dünnen Oberschicht des Adels und des gehobenen Bürgertums vergönnt –, fuhr einmal im Jahr an die Adria. Mit »großem Train«, wie man zu sagen pflegte, und Unmengen von Gepäck, mit Personal zur persönlichen Bedienung und Kinderfräulein ging es in Richtung Süden. Die Coupés waren bereits wochenlang vorher bestellt, wie überhaupt der Abreise eine umfangreiche Korrespondenz vorausging, um das Feriendomizil nur ja auf alle Fälle zu sichern. Auch die günstigste Jahreszeit war sorgfältig eingeplant und meistens sogar ärztlich empfohlen, denn Grado, Abbazia und die anderen Treffpunkte der erholungsuchenden Hautevolee an der Adria waren nicht nur als sommerliche Seebäder, sondern wegen der milden Mittelmeertemperaturen und der absoluten Staubfreiheit als ideale »klimatische Winterstationen« geschätzt.

Der berühmte Meteorologe Julius von Hann schrieb 1910 sehr richtig: »Die Natur hat es dem Bewohner Österreich-Ungarns bequem gemacht. Wenn er etwas Reiselust hat und die Mittel, sie zu befriedigen, kann er, ohne die Landesgrenzen zu überschreiten, klimatische Gegensätze unmittelbar auf sich einwirken lassen, wie kein anderes Land Europas auf gleichen Entfernungen hin anbietet. Im Winter gelangt er auf einer Eisenbahnfahrt von Wien bis Fiume in der kurzen Frist eines

halben Tages aus der einförmigen Schnee-
hülle Mitteleuropas, dem düsteren Wol-
kenhimmel und empfindlichen Frosttem-
peraturen in eine laue Luft voll Son-
nenschein und malerischer Lichteffekte an
die Ufer eines tiefblauen Meeres.«
Bedeutende Vertreter der Wiener Medizinischen Schule propagierten in Wort und
Schrift die Heilwirkung des Adriaklimas,
wie der Laryngologe Leopold Schrötter
von Kristelli oder der Chirurg Theodor
Billroth, der 1885 seinem Freund, dem
Musikkritiker Eduard Hanslick, einen be-
geisterten Brief über Abbazia schrieb,
welchem bald ein mit hinreißendem
Schwung verfaßtes Feuilleton in der »Wiener Medizinischen Wochenschrift« folgte.
Noch wenige Monate vor seinem Tode
legte der Kronprinz Rudolf dem herzlei-
denden Billroth, um dessen schwache
Gesundheit er sich Sorgen machte, dringend ans Herz, »jetzt bei Beginn der
kalten Jahreszeit recht vorsichtig zu sein
und die kalten Tage lieber in dem herrlichen Abbazia als hier inmitten von rauhen
Stürmen, Regen und Schnee zuzubrin-
gen«.
Der Erste Weltkrieg setzte dem noblen
k. u. k. Kurbetrieb und dem heiter-sorg-
losen Gesellschaftsleben an der Adria ein
unerwartetes, jähes Ende. Mit einem
Schlag, über Nacht, verdüsterte sich die
Welt. Man reiste überstürzt nach Hause,
verunsichert und Böses ahnend, und so
mancher mag im Unterbewußtsein ge-
spürt haben, daß dieser Sommer an der
Adria vielleicht für viele Jahre der letzte
seiner Art sein würde. Bestimmt aber hat
damals niemand geahnt, daß schon vier

Jahre später keiner der küstenländischen
Kurorte mehr österreichisch sein sollte
und daß nach einem halben Jahrhundert
bei den Hunderttausenden Urlaubern aus
der Alpenrepublik, welche die nördliche
Adria zu ihrem Ferienziel erkoren haben,
der Gedanke an ein »Österreich am
Meer« schon weitgehend entschwunden
sein wird.

# Der Quarnero

## Daten – Zeiten – Menschen

Der Quarnero, kroatisch Kvarner, galt zu Zeiten Kaiser Franz Josephs I. als Synonym für den Begriff »österreichische Riviera«. Geographisch war diese Begriffsbestimmung allerdings nicht ganz zutreffend, weil man damit vornehmlich nur an die Seebäder Abbazia, Lovrana, allenfalls noch an Lussin dachte, weniger aber an das ganze Gebiet des Quarnero, jener breiten, von der Halbinsel Istrien und der kroatischen Küste begrenzten Meeresbucht mit ihren großen und unzähligen kleinen Inseln.

Wie paradiesisch schön dieser Teil des altösterreichischen Küstenlandes dem Reisenden aus dem kühlen Norden erschienen sein mag, vermittelt uns der Poet Heinrich von Littrow in seinem Gedichtband »Von Fiume nach St. Peter – Reisebilder in gemütlichen Reimen«:

Ein schöner Golf, umrahmt von grünen Hügeln,
Auf deren Höhn die Weingelände blühn,
Umfächelt von des Zephyrs linden Flügeln,
Der freundlich kühlt der Sommerhitze Glühn.
Ein dunkelblaues Meer, mit aromat'schen Düften,
Und selten nur ein Wölkchen in den Lüften.

Kamelie, Myrte, Lorbeer blühn im Freien,
Wenn auch die Bergeshöhn mit Schnee bedeckt,
Die erst dem Bilde wahren Reiz verleihen, weil ew'ger Frühling sich ans Meer erstreckt,
Weil sonn'ge Tage nimmer von hier weichen,
Weil Herbst und Lenz sich stets die Hände reichen.

Wer gut zu Fuß war und einen stundenlangen Marsch nicht scheute, bestieg den fast 1400 Meter hohen, ganz Istrien majestätisch beherrschenden Monte Maggiore, um die Quarnerobucht von oben her zu betrachten. Der krainische Edelmann und Geschichtsschreiber Johann Weikhard von Valvasor nannte den Monte Maggiore schon um die Mitte des 18. Jahrhunderts einen »lustreichen« Berg. »Derselbe hat eine gewaltige Höhe und ist dortherum der höchste unter allen. Wann die Schiffleute über Meer herüber fahren, erblicken sie diesen weit-aussehenden Berg am allerersten. Oben auf der Scheitel desselben bricht eine starke Wasser-Quelle hervor, welche den Kristall mit ihrer Klarheit könnte neidisch machen. Sie springt mit einem großen Ungestüm gantz oben bei der Spitze des Berges aus einem Stein-Felsen, und treibt viel Mühlen-Räder.

Solches gereicht der Lust dieses Berges zu keiner geringen Vermehrung. Denn er ist ohne dem auch sonst dem menschlichen Auge gar beliebt und erfreulich. Denn, wer ihn droben besucht, dem führt er das Gesicht weit herum, und in die Ferne hinaus, stellet ihm die schönste und lustigste Inseln auf dem Meer vor, und trägt auch manche rare Kräuter, welche von den unterschiedlichen fremden Botanicis

(oder Kräutelern) von dannen abgeholt, und in fremde Länder vertragen werden. Es hat sich ein jeder über diesen Berg verwundert, der nur hinauf gekommen ist.

Ich habe es nicht glauben wollen, daß man Ursach hette, viel Wunders von ihm zu machen, biss ich ihn selber erstiegen und droben beschauet; da er mir dann solche aufgewandte Bemühung mit seiner Anmut droben wohl vergnügt hat.«

Bereits vor 1914 konnte man mit dem Automobil von Abbazia aus auf den Monte Maggiore, bis hinauf zum Stephanie-Schutzhaus in 950 Meter Seehöhe,

fahren. Die dreistündige Autotour auf der steinigen und steilen Straße war allerdings nicht ganz risikolos, weshalb ein Reiseführer »nervösen Menschen« empfahl, »einige Zeit in dem trefflich bewirtschafteten Schutzhause zu rasten, bevor sie die dritthalb Stunde erfordernde, etwas beschwerliche Besteigung des Gipfels unternehmen«.

Das überwältigende Panorama entschädigte jedoch den ausdauernden Wanderer (so wie einstens Valvasor) um ein Vielfaches für die durchgestandenen Strapazen: Der weite Raum des Quarnero liegt ausgebreitet zu seinen Füßen! Der Blick reicht

*Die Stadt Fiume. Gesamtansicht. Im Hintergrund der fast 1400 Meter hohe Monte Maggiore. 1900.*

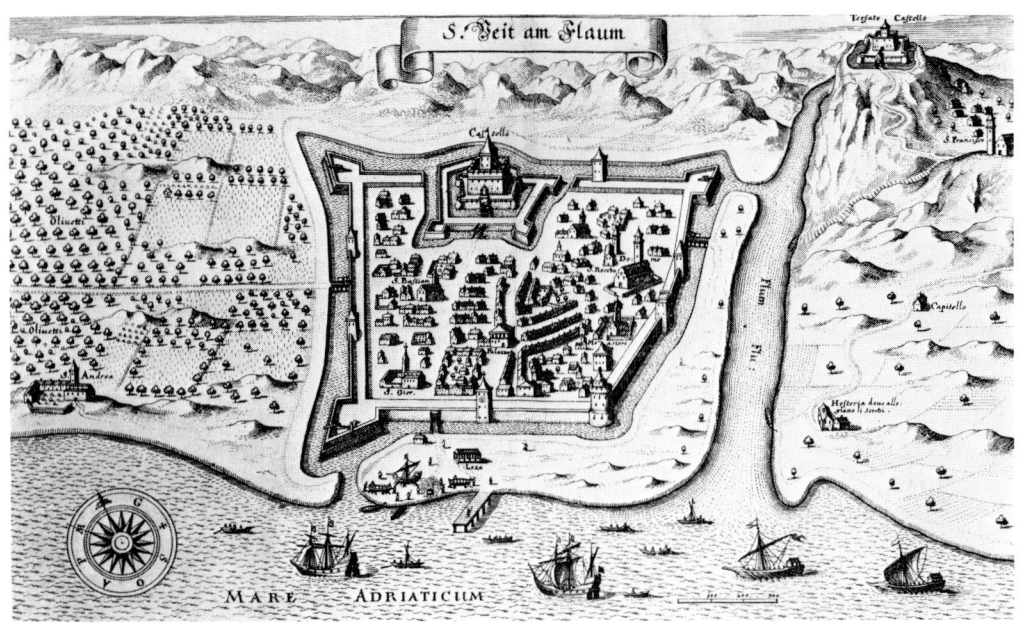

S. Veit am Flaum

MARE ADRIATICUM

*Stadt St. Veit am Flaum (Fiume). Darstellung aus dem 17. Jahrhundert.*

*Stadt St. Veit am Flaum (Fiume). Darstellung aus dem 17. Jahrhundert.*

von der Hafenstadt Fiume bis gegen Kraljevica, dem alten Porto Ré, wo Kaiser Karl VI., der Vater Maria Theresias, einstens einen Hafen anlegen ließ. Scheinbar setzt sich von dort die Küste in einer scharfen Knickung gegen Südwesten fort, was aber eine perspektivische Täuschung ist. Denn was als fortlaufender Festlandstreifen erscheint, ist in Wirklichkeit das Westufer der Insel Veglia (Krk), die sich mit ihrer Nordspitze ganz nahe an die kroatische Küste herandrängt. Ein schmales Felsentor bewacht dort den Eingang zum »Canale Maltempo«, den die Seeleute der gefährlichen Bora wegen, »die oft ganz unvermittelt das Wasser in fürchterliche Bewegung bringt«, wie den Teufel meiden.

Nicht viel breiter ist der »Canale di Mezzo« zwischen den Inseln Veglia und Cherso (Cres), der seinerseits in den Quarnerolo führt, den inneren, von den

Inseln Arbe (Rab), Pago (Pag), Cherso und Lussin (Lošinj) begrenzten Teil des Quarnero. Auch hier ist der Ausblick auf das offene Adriatische Meer bis auf eine winzige Lücke, die »Bocca piccola«, versperrt. Nur der westliche Teil des Quarnero zwischen Cherso und der istrianischen Küste gewährt einen weiten Durchblick und erinnert den Betrachter daran, daß er sich am Meer und nicht nur am Gestade eines riesigen Binnensees befindet.

Einschließlich der der Stadt Fiume unmittelbar vorgelagerten Bucht ist der Quarnero also in vier Abschnitte geteilt. Darauf soll auch, wie oft behauptet wird, der Ursprung seines Namens zurückgehen: Die Römer nannten ihn »Mare Quaternarium« – »das aus vier Teilen bestehende Meer«. Die Venezianer hingegen bringen den Namen mit dem italienischen »carnivoro« (»der Fleischfressende«) in Zusammenhang, weil in den schweren Stürmen des Golfes unzählige Menschen und Schiffe der Republik von San Marco zugrunde gegangen sind. Eine dritte Version besagt, daß der Name Quarnero, ähnlich wie »Karst« oder »Kärnten«, seine Wurzel in dem keltischen »kar« hat, was soviel wie Fels oder Stein bedeutet und auf die steinige Inselwelt hinweisen soll.

In alter Zeit wurden die quarnerischen Inseln auch die »absyrtischen« genannt. Einer mythischen Überlieferung nach zerstückelte die Königstochter Medea auf der Flucht aus Kolchis ihren Bruder Absyrtos, um den sie verfolgenden Vater, König Aëtes, der mit dem Auflesen der einzelnen Gliedmaßen beschäftigt war, aufzuhalten. Und so liegen also die Gebei-

ne des unglücklichen Jünglings verstreut im Meer: ein Schenkelknochen – Cherso, ein dünner Armknochen – Lussin, ein Schulterblatt – Veglia, und die zarten Knöchelchen – Unie, Levrera, Sansego.
Die Geologen freilich wissen es anders! Für sie sind die merkwürdig geformten Inseln aus dem Meere ragende Bergrücken und die dazwischenliegenden Meeresteile überflutete Täler jenes alten Adriafestlandes, dessen Kreidekalktafel vor Millionen Jahren stückweise eingebrochen ist. Nur ein dreieckiges, einem Wappenschild ähnelndes Reststück jener gewaltigen Kalktafel, die Halbinsel Istrien, ist übriggeblieben. Ein mächtiger Fluß, der möglicherweise am Monte Maggiore entsprungen ist, ergoß sich in das Meer, Geröllmassen mit sich führend, die heute das Kalkgestein der Inseln bedecken.

Aber nicht nur derart gewaltige tektonische Ereignisse haben das Bild dieser Landschaft geschaffen. Im nördlichen Istrien ist der sogenannte »Tschitschenboden« der Sonnenglut und der grimmigkalten Bora, dem jähen Wechsel von Hitze und Kälte, erbarmungslos ausgesetzt. Das Erdreich ist bis auf kümmerliche Reste in den trichterförmigen Dolinen verschwunden, und das nackte, bleiche Kalkgestein tritt offen zutage: Der Volksmund spricht deshalb vom »weißen Istrien«, zum Unterschied vom »gelben Istrien« im Mittelteil der Halbinsel, wo der Karst seine Strenge bereits verloren hat und eine Lehmschicht dem Boden eine eigentümlich gelbliche Färbung verleiht. Das »rote Istrien« im Süden ist von der »Terra rossa«, einer roten, fruchtbaren

Tonerde, bedeckt und hat deshalb diese Bezeichnung.

Ein Rückblick auf die geschichtliche Entwicklung zeigt, daß Istrien stets ein unruhiges politisches Terrain war. Über zwei Jahrtausende lang löste eine Herrschaft die andere ab. Im zweiten vorchristlichen Jahrhundert erobern die gegen die Alpen vordringenden Römer die Küstengebiete an der nördlichen Adria und geben ihnen den Namen Liburnien. Bereits vorhandene Siedlungen der eingesessenen illyrisch-keltischen Bevölkerung werden befestigt und zu Militärstützpunkten ausgebaut, aber auch neue Städte angelegt. 183 v. Chr. wird Aquileia als Schutzwehr gegen räuberische Einfälle gegründet. Auf einem Hügel über der späteren Stadt Fiume errichten die Besatzer das Kastell Tarsatica zum Zwecke der Überwachung ihrer Landverbindung nach Saloniki. Seine Blütezeit erlebte Liburnien unter

*Ansichtskarte mit dem Wappen der Markgrafschaft Istrien. 1914.*

11

Gajus Octavianus (63 v. Chr. bis 14 n. Chr.), dem nachmaligen ersten römischen Kaiser Augustus. In unentwegter Sorge um die Grenzsicherung seines Reiches unterwarf er die Japoden, ein keltisches Mischvolk, das an der Adriaküste, etwa zwischen Fiume und Cattaro, lebte, und ließ die Stadtbefestigungen der von See her ständig bedrohten Stadt Tergeste (Triest) erneuern. Unter seiner Regierung entwickelte sich die alte illyrische Siedlung an der Südspitze Istriens, welche die Römer »Pietas Julia« nannten und uns als die Stadt Pola bekannt ist, zu einem wichtigen Adriahafen und Warenumschlagplatz wie auch zu einem beliebten Ferienort römischer Patrizierfamilien, der gelegentlich sogar kaiserliche Residenz war. Das riesige, 23.000 Menschen fassende Amphitheater und der Augustustempel von Pola zählen zu den erhalten gebliebenen, eindrucksvollen Zeugen dieser glanzvollen Epoche.

Die Barbaren, die zur Zeit der Völkerwanderung das Römische Reich überfluteten, zerstörten nicht nur das politische Gefüge des Imperiums, sondern auch den Großteil seiner Siedlungen. Manche von ihnen gingen spurlos unter. Die Westgoten eröffneten den Sturmreigen, ihnen folgten die Ostgoten und schrecklich und unermeßlich in der Zahl die Hunnen, angeführt von Attila, der Geißel Gottes. Das stolze Aquileia ging 452 n. Chr. in Flammen auf.

Erbe des Raumes wurde zunächst Byzanz unter Kaiser Justinian. Die oberste byzantinische Provinzialbehörde über Istrien und Triest stand unter der Leitung des »Magister Militum«, der seinen Sitz in Pola hatte. Das Christentum hatte damals bereits Wurzeln an der Nordadria gefaßt, und fromme Glaubensboten benannten den Ort, der sich aus dem römischen Tarsatica entwickelte, »Vitopolis«, nach dem heiligen Vitus, einem sizilianischen Märtyrer: es ist das nachmalige St. Veit am Pflaum, Fiume oder Rijeka.

Im 6. Jahrhundert verzeichnet die Geschichtsschreibung einen Einfall der Langobarden, in deren Gefolge slawische Stämme aus dem Dnjeprgebiet erschienen. Am weitesten nach Westen, bis zur Adria, gelangten die Slowenen und die Kroaten. Die Slowenen drangen über die Julischen Alpen und durch das Isonzotal bis Triest vor, die Kroaten machten sich in Liburnien seßhaft.

Nach weiteren hundert Jahren kommt schließlich alles unter die Herrschaft des Frankenkaisers Karl des Großen, und Istrien wird der von ihm gegründeten Mark Friaul angegliedert. Aber auch dieser Zustand ist nicht von Dauer, denn nach dem Zerfall der friaulischen Mark wird Istrien eine selbständige Markgrafschaft, in der die Patriarchen von Aquileia und die Grafen von Görz tonangebend sind. 1139 werden die Herren von Duino mit den »liburnischen Domänen« belehnt, ihnen folgt im Erbwege das Geschlecht der Wallseer.

Um die Wende zum 12. Jahrhundert beginnt ein völlig neues Kapitel in der Geschichte Istriens: Die Venezianer beginnen sich festzusetzen, zuerst in den Küstengebieten, später auch im Landesinneren, bis sie den Großteil der Halbinsel, mit Ausnahme des nordwestlichen Teils, unter ihre Kontrolle gebracht haben. Die »Freie Stadt Triest« allerdings geht einen separaten Weg und stellt damit die Weichen für die kommenden Jahrhunderte: 1382 entsendet sie, der politischen und wirtschaftlichen Streitigkeiten und der Aggressionen Venedigs überdrüssig, drei Bevollmächtigte nach Graz, um dem dort residierenden Herzog Leopold III., dem ritterlichen, Pracht und Macht liebenden Habsburger, freiwillig die Schutzherrschaft über Stadt und Hafen zu übergeben. Von da an bleibt das Schicksal Triests – sieht man von dem napoleonischen Intermezzo 1805 bis 1814 ab – bis zum Ende des Ersten Weltkrieges mit dem Hause Habsburg verbunden.

Die Triester Bürger waren bei ihrem Entschluß von anno 1382 recht gut beraten, denn außer einigen Zollrechten und einem jährlichen Weintribut bewahrten sie weitgehend ihre Unabhängigkeit und ihre alten Gemeinderechte, deren Einhaltung der herzogliche »Capitano« sogar beschwören mußte.

Das übrige Istrien, die dalmatinische Küste und die Inseln des Quarnero können

dagegen aus ihrer venezianischen Zeit nicht allzuviel Rühmliches berichten. »La Serenissima« erwarb im Adria- und östlichen Mittelmeerraum einträgliche Handelsprivilegien, gründete Faktoreien und war dabei in der Wahl ihrer Mittel durchaus nicht zimperlich. Ja, man bezeichnete – vielleicht etwas übertrieben – die Handelsherren der Dogenstadt sogar als die »Argonauten des Mittelalters«, die auszogen, um die Ländereien auszubeuten und auszusaugen. Allerdings muß gerechterweise gesagt werden, daß die Städte, die jahrhundertelang unter venezianischer Herrschaft standen, durchaus auch große Vorteile daraus zogen: der Markuslöwe bestimmte die Kultur, den Baustil und den Lebensrhythmus.

In diese Epoche fallen, und auch das soll nicht unerwähnt bleiben, die blutigen Raub- und Eroberungszüge der Türken und das unqualifizierte Treiben der Uskoken von Zengg, jener eigenartigen Partisanen zur See, die einerseits wackere Streiter gegen die Osmanen im Dienste der österreichischen Herrscher, andererseits beutegierige und grausame Seeräuber waren, von denen Valvasor behauptet: »Sie lieben

13

*Stadt und Hafen von Fiume.*
*1830.*
*Lithographie von Jakob Alt.*

wirtlichen Hochebene zwischen Velebit- und Kapelagebirge. Die Nachfahren der wilden Uskoken zählten später zu den tapfersten Soldaten der k. u. k. Armee und während des Zweiten Weltkrieges zu den bedingungslosesten Kämpfern Marschall Titos. Wie unruhig die Zeiten im 16. und 17. Jahrhundert waren, mag unter anderem daraus hervorgehen, daß das friedliche Küstenstädtchen Lovrana zweimal (1599 und 1614) von den Osmanen in Brand gesteckt wurde.

Freundlicher dagegen ist die Nachricht, die um das Jahr 1580 aus der Karstlandschaft bei Triest kommt. Erzherzog Karl, Sohn Kaiser Ferdinands I. und Herr der Steiermark, von Görz, Gradiska, Triest und Krain, züchtete in seinem »Marstall und Stutterey« im Dorfe Lipizza feurige spanische Pferde, die mit arabischen und maurischen Rassen gekreuzt wurden. Die wunderschönen, zähen und intelligenten Lipizzanerhengste bildete man in der »Spanischen Hofreitschule« zu Wien in jenen schwierigen Disziplinen aus, die damals in Reitergefechten dringend vonnöten waren. Das Leben des Reiters, ja mitunter sogar der Ausgang einer Schlacht waren oft abhängig von der Geschicklichkeit des Pferdes. »Des Kaisers weiße Pferde« in der Wiener Stallburg sind heute noch wie ehedem eine der großen Sehenswürdigkeiten der Donaumetropole.

Eine nicht zu übersehen Rolle spielten in der Geschichte Istriens und des kroatischen Küstenlandes die alteingesessenen Adelsgeschlechter. Südlich von Fiume hausten die Frankopans und die Zrinyis

fremdes Eigentum ... ohne Raub und Mord können sie nicht leben.« Mit ihren wendigen, schnellen Booten überfielen sie die schwerfälligen türkischen Schiffe, plünderten sie aus und schickten sie erbarmungslos auf den Meeresgrund, um sodann blitzschnell wieder in ihren gutgetarnten Buchten zu verschwinden. Da sie auch mit venezianischen Schiffen nicht viel Federlesens machten und sie skrupellos ausraubten, kam die Wiener Regierung häufig in peinlichste Verlegenheit. Es kam zu diplomatischen Verwicklungen, und unter dem Druck der Republik von San Marco blieb Wien schließlich nichts anderes übrig, als dem Unwesen der grausamen Uskoken gewaltsam ein Ende zu bereiten, ihre Schiffe, Hafenanlagen und Waffen zu zerstören und die »getreuen kaiserlichen Partisanen« zwangsweise in der »Lika« anzusiedeln, der rauhen, un-

*Triest. Kathedrale San Giusto und Campanile. 1842. Lithographie von Linassi.*

in ihren Schlössern, und ebendort kam es auch zu jener von der türkischen und französischen Geheimdiplomatie angezettelten Verschwörung gegen die habsburgische Herrschaft, einem Komplott, welches damit sein unrühmliches Ende fand, daß zwei Mitglieder dieser Familien, Franz Christoph Frankopan und Peter Zrinski, 1671 auf der Reise nach Wien gefangengenommen und in Wiener Neustadt enthauptet wurden.

In der napoleonischen Zeit veränderten sich die Besitzverhältnisse an der nördlichen Adria gleich mehrmals. Im Frieden von Campo Formio, 1797, erhielt Österreich (als Ersatz für die Niederlande, die Lombardei und den Breisgau) Istrien, Dalmatien, Venedig und die »terra ferma« bis zum Gardasee und zur Etsch zugesprochen. Allerdings mußte Kaiser Franz nach der unglücklichen Schlacht von Austerlitz im Frieden von Preßburg 1805 die kaum

15

*Triest. „Molo San Carlo".
Um 1900.*

Das alte Liburnien stand also nun unter französischem Regiment. Obwohl die neuen Herren nichts unversucht ließen, die Sympathien der Bevölkerung zu erwerben – 1810 wurde anläßlich der Vermählung Napoleon Bonapartes mit der österreichischen Erzherzogin Maria Luise sogar der Großteil der politischen Häftlinge freigelassen –, blieben alle Bemühungen in dieser Richtung vergeblich. Schuld daran trug vor allem die wirtschaftliche Situation, die, an sich schon triste genug, durch die Kontinentalsperre noch beträchtlich verschärft wurde. Als Österreich 1814 im Wiener Kongreß Istrien und die übrigen illyrischen Provinzen wieder zurückerhielt, fand es jedenfalls ein total bankrottes und in jeder Hinsicht vernachlässigtes Land vor. Kein Wunder also, daß die Rückkehr Österreichs vom Volk wie eine Befreiung begrüßt wurde und man allenthalben wieder Hoffnung auf bessere Zeiten schöpfen konnte. Kaiser Franz I. formierte aus den illyrischen Provinzen nunmehr das Königreich Illyrien, und 1849 erhielt die Markgrafschaft Istrien eine selbständige Verwaltung. Bis zum Ende der Donaumonarchie trug der österreichische Kaiser in seinem »Großen Titel« auch den Titel eines »Markgrafen in Istrien«.

Das Revolutionsjahr 1848 ging an Istrien mehr oder weniger spurlos vorbei. Zwar wurde von venezianischer Seite versucht, in flammenden Aufrufen die »Brüder in Istrien und Dalmatien, die Ihr bis 1797 zu unserer Heimat gehört habt«, zum bewaffneten Widerstand gegen Österreich aufzustacheln, aber die Agitationen fan-

erworbenen Gebiete wieder an das neugeschaffene Königreich Italien, die Lieblingsschöpfung Napoleons, abtreten.

Kaum vier Jahre später trat wiederum eine Änderung ein: Nach dem Sieg Erzherzog Karls bei Aspern unterlag Österreich in der Schlacht von Wagram neuerlich den Franzosen, und in dem darauffolgenden Wiener Friedensvertrag vom 14. Oktober 1809 wurde aus dem Villacher Kreis, Krain, aus dem Gebiet von Triest, Friaul, Istrien, Kroatien, Dalmatien und Ragusa das »Königreich der Illyrischen Provinzen« als Teil des neuen französischen Kaiserreiches gebildet. Zum Generalgouverneur mit dem Amtssitz in Laibach ernannte Napoleon seinen Vertrauten und früheren Adjutanten, den Marschall Auguste Marmont.

16

den praktisch kein Gehör. Der Markuslöwe war bereits weitgehend vergessen, und das Volk erkannte nur den Kaiser in Wien als seinen rechtmäßigen Herrn an. Selbst italienische nationalistische Kreise mußten einbekennen, daß in den küstenländischen Gebieten die »Fremdherrschaft« kaum drückend, die Polizei durchaus nicht schikanös und rücksichtslos, die Zensur nicht allzu streng und alles in allem die Freiheit nicht wirklich erstickt war. Also konnte der junge Kaiser Franz Joseph schon recht bald nach dem Ende der Revolution, 1850, seiner Mutter, Erzherzogin Sophie, freudig aus Triest, wo er sich zur Grundsteinlegung des Südbahnhofes aufhielt, berichten: »Hier bin ich enorm empfangen worden ... enthusiastisch österreichisch ...«

Die Hafenstadt Fiume, gewissermaßen Metropole des Quarnero, stand in vergangenen Zeiten stets im Schatten ihrer Schwesterstadt Triest. Unter Kaiser Friedrich III. im Jahre 1468 von Österreich erworben, blieb es »St. Veit am Pflaum«, wie Fiume damals hieß, auch unter dem habsburgischen Zepter nicht erspart, immer wieder in interne und äußere Machtkämpfe verwickelt zu werden.

Ein einziges Mal wäre es der Hafenstadt am Quarnero fast gelungen, ihre alte Rivalin Triest zu überflügeln. Als sich nämlich die Zentralstellen in Wien über die Notwendigkeit einig waren, an der Adria als Gegengewicht gegen die Vorherrschaft Venedigs einen Freihafen zu errichten, schwankte man in der Wahl zwischen Aquileia, Buccari, Fiume und Triest. Die Wahl fiel schließlich 1717 auf

*Triest. Piazza Grande mit Palais des Österreichischen Lloyds. Um 1900.*

Fiume, dessen Vorrangstellung und wirtschaftliche Prosperität damit für die Zukunft gesichert schienen. Doch schon nach zwei Jahren sah sich Kaiser Karl VI. auf die dringenden Vorstellungen und Proteste der Stadtväter von Triest hin bewogen, auch diesem Hafen das begehrte Freihafenpatent zu verleihen. Damit hatte Triest wieder gleichgezogen, aber dabei blieb es nicht: Unter dem sichtbaren Wohlwollen der Habsburger gewann Triest immer mehr an wirtschaftlicher Bedeutung. Karl VI. verlegte die »Orientalische Compagnie«, der der Handel mit der Levante oblag, von Antwerpen nach Triest (die Gesellschaft hatte allerdings keinen langen Bestand) und ließ einen regelmäßigen Fuhrwerksverkehr nach der Haupt- und Residenzstadt Wien einrich-

17

*Der Raddampfer „Maria Dorothea", mit welchem 1834 der fahrplanmäßige Verkehr zwischen Triest und Konstantinopel aufgenommen wurde.*

ten. In die Regierungszeit seiner Nachfolgerin, der Kaiserin Maria Theresia, fällt die Gründung der Triester Börse und der Handelskammer der »Merkantilen Provinz Küstenland«. Der Bankier Markus Hirsch Weikersheim rief 1822 die »k. k. priv. Azienda Assicuratrice« ins Leben, die ihre Tätigkeit über den weiten Bereich der Monarchie ausdehnte. Der Aufstieg Triests zum Haupthandelshafen des Habsburgerreiches war also nicht mehr aufzuhalten oder einzuholen. Bezeichnend für die sprunghafte Entwicklung der Stadt war, daß ihre Einwohnerzahl im 18. Jahrhundert um mehr als das Dreifache anstieg.

Unter dem Biedermeierkaiser Ferdinand I. wurden die Triester Sparkasse und der »Österreichische Lloyd« gegründet, für den Heinrich von Ferstel, einer der Meister der Wiener Ringstraßenarchitektur, später das repräsentative Direktionsgebäude auf dem schönsten und größten Platz der Stadt, der Piazza Grande (seit 1918 Piazza dell'Unità), errichtete. Eine Schlüsselfigur des Lloyd war Salomon Rothschild, der 1836 600 Aktien dieser Schiffahrtsgesellschaft übernahm, wodurch die Anschaffung von zwei Dampfern in England möglich wurde. Bis zum Beginn des Ersten Weltkrieges brachte es der Lloyd auf die stattliche Zahl von 72 Dampfschiffen mit zusammen 242.215 Bruttoregistertonnen und stand damit unter den Schiffahrtsgesellschaften der Erde – der Tonnage nach – an 20. Stelle. (Auf der erwähnten Piazza Grande wurde übrigens 1839 auch das älteste und traditionsreichste Kaffeehaus von Triest, das Caffè degli Specchi, der Treffpunkt der eleganten Welt, der Geschäftsleute und Schiffsoffiziere, eröffnet.)

Nicht zu vergessen sind zwei wichtige Ereignisse der Schiffahrtsgeschichte, die Triest zum Schauplatz hatten: 1829 unternahm der aus Böhmen stammende Erfinder Joseph Ressel mit dem von ihm gebauten ersten Schraubendampfer der Welt Probefahrten im Golf. Die »Civetta« war ein 33-Tonnen-Schiff, wurde von einer 6-PS-Dampfmaschine angetrieben und erreichte mit 40 Passagieren an Bord eine Geschwindigkeit von 6 Knoten. Ein eher harmloser Zwischenfall (ein Dampfrohr platzte während der Fahrt) veranlaßte die Polizeibehörde, weitere Versuchsfahrten zu untersagen. Und so wurde wieder ein österreichisches Erfinderschicksal besiegelt! Die experimentierfreudigen Engländer griffen Ressels Idee sogleich auf und verwerteten sie. Er selbst geriet in Vergessenheit und starb verbittert als k. k. Forstmeister in Laibach. In

der Hand des Toten fand man einen Zettel, auf den nur wenige Worte gekritzelt waren, die aber sein Vermächtnis an die Welt waren: »Ich bin der Erfinder der Schiffsschraube!«

Fünf Jahre später, 1834, trat das erste Liniendampfschiff im Mittelmeer, der Raddampfer »Maria Dorothea«, vom Triester Hafen aus seine Jungfernfahrt an und übernahm den fahrplanmäßigen Verkehr von Triest nach Konstantinopel. Das Schiff gehörte bemerkenswerterweise nicht einer adriatischen Reederei, sondern der »Ersten priv. Donaudampfschiffahrtsgesellschaft«, die damals, als sie noch ein sehr junges Unternehmen war, auch Schiffsverbindungen im Schwarzen Meer und im Mittelmeer unterhielt.

Völlig unterschiedlich von Triest verlief die Entwicklung Fiumes zum zweiten großen Adriahafen des Habsburgerreiches. Nachdem die Stadt, wie wir schon erwähnt haben, im Jahre 1717 den Status eines Freihafens erhalten hatte, wurde sie

1776 von der Kaiserin Maria Theresia als »Corpus Separatum« dem Königreich Kroatien zugesprochen und drei Jahre später zur »königlich ungarischen Frei- und Seestadt« erklärt. Damit begann jene eigenartige altösterreichische, heutigen Menschen schwer erklärbare Situation, daß aus einer kroatischen Stadt mit vorwiegend italienischer Bevölkerung ein ungarischer Hafen wurde. Nicht selten traf man damals in der Stadt Menschen, welche die deutsche, die italienische, die kroatische und die ungarische Sprache in Wort und Schrift beherrschten, allerdings jeweils mit einem anderen Akzent. Nach dem sogenannten »kroatisch-ungarischen Ausgleich« von 1868 gehörte Fiume zur ungarischen Reichshälfte. Allerdings blieb die Frage offen, ob die Stadt künftig von Agram aus oder von Budapest verwaltet werden sollte. Nach endlosen Kompetenzstreitigkeiten über Rechte und Sonderrechte einigte man sich vorläufig darauf, die Verwaltung unmittelbar der

*Fiume. Hafenansicht. In der Mitte das „Grand Hotel Europe", links der „Adriapalast" der Ungarischen Schiffahrtsgesellschaft. 1912.*

19

ungarischen Regierung zu übertragen; dieser provisorische Zustand dauerte – da ja nichts so dauerhaft ist wie ein Provisorium – bis zum Untergang der österreichisch-ungarischen Monarchie.

Die Ungarn gingen jedenfalls sogleich daran, »ihren« Hafen großzügigst auszubauen. Sie zeigten sich dabei ungemein splendid und bezahlten allein für Kaianlagen und Schutzdämme die ungeheure Summe von 20 Millionen Gulden. Unter der Parole »Tengerre Magyar« – »Ungarn ans Meer« ließen sich in zunehmendem Maße Magyaren in der Stadt nieder, gründeten Fabriken, eröffneten Geschäfte und Handelskontore, eine rege Bautätigkeit setzte ein, und innerhalb von wenigen Jahren wurde aus einer eher ruhigen, idyllischen Hafenstadt ein von pulsierendem Leben erfülltes Handels- und Verkehrszentrum.

Um sich im Seeverkehr von der österreichischen Reichshälfte möglichst unabhängig zu machen, gründeten die Ungarn auch eigene Schiffahrtsunternehmungen. Seit 1878 bestand in Fiume die englische »Adria-Steamship-Company«, aus der 1881 die »Adria-Ungarische Schiffahrtsgesellschaft« hervorging. In den neunziger Jahren grenzten die ungarische »Adria« und der »Österreichische Lloyd« ihre Einsatzgebiete ab: Die »Adria« besorgte künftig den Verkehr im westlichen Mittelmeer und nach Westeuropa, dem »Lloyd« fielen die Levante, der Ostverkehr nach Indien, der Ferne Osten und Südamerika zu. Die einzige Gesellschaft, die den Liniendienst nach Nordamerika besorgte, war die »Austro-Americana« mit dem Sitz in Triest. Für den dalmatinischen Küstenverkehr und die Schiffsverbindungen zu den Quarnero-Inseln war die »Ungarisch-kroatische Dampfschiffahrtsgesellschaft«, kurz »Ungaro-Croata«, zuständig, einige andere kleinere ungarische Reedereien wie die »Atlantica« oder die »Levante« hatten weniger Bedeutung.

In die Zeit des Aufblühens Fiumes fällt die Gründung einer sehr leistungsfähigen Schiffsbauindustrie, die bald zum Aushängeschild und zum Stolz der Stadt werden sollte. Ein Vorbild war bereits vorhanden: die alte Werft von Porto Ré südlich von Fiume, wo das erste Dampfschiff für die kaiserlich-königliche Kriegsmarine, der Raddampfer »Ferdinando«, gebaut und 1836 vom Stapel gelassen wurde. Auf Kriegsschiffe spezialisierten sich in der Folge die Danubius-Werft, vor allem aber das »Stabilimento Tecnico Fiumano« (auch »Whitehead-Werft« genannt, seit 1945 »Werft 3. Mai«). In dieser Fabrik wurden die ersten Torpedos der Welt erzeugt. Die Idee dazu lieferte ein Marineoffizier namens Johann Blasius Luppis, der sich lange Zeit mit dem Problem befaßte, wie man feindliche Schiffe mittels lenkbarer Minen von der Küste aus versenken könnte. 1864 wurde ihm die Auszeichnung zuteil, seine Erfindung, die er stolz »Küstenretter« nannte, dem Kaiser vorführen zu dürfen, der sich zwar sehr beeindruckt zeigte, aber keine verbindlichen Zusagen machte, weil die Lenkung der Minen zu ungenau war und die Herstellungskosten zu hoch schienen. (Lange Zeit wurde eine Geschichte kolportiert, für deren Wahrheitsgehalt allerdings nicht garantiert werden kann: Angeblich soll Luppis seine lenkbare Mine – um dem Kaiser die Treffsicherheit besonders vor Augen zu führen – nicht von der Küste aus in Richtung offene See gestartet haben, sondern in umgekehrter Richtung. Als der »Küstenretter« nun von See her an Land lief, gab es eine so heftige Explosion, daß Häuser abgedeckt wurden und sogar in weiter entfernten Gasthäusern die Gläser von den Tischen fielen.) Der praktische Erfolg des »Küstenretters« stellte sich erst ein, als der in Fiume tätige englische Ingenieur Robert Whitehead die Arbeit Luppis' weiterentwickelte und die »selbsttätigen unterseeischen Minenschiffe«, später allgemein »Fischtorpedos« bezeichnet, in Serie zu bauen begann und die Erlaubnis erhielt, das Patent auch dem Ausland anzubieten.

In Fiume befand sich auch die k. u. k. Marineakademie, das maritime Gegenstück zur Wiener Neustädter Militärakademie. Die Namensliste der Zöglinge war mehr als eine bloße Aufzählung für den Schematismus, sie war ein lebendiger Querschnitt des Habsburgerreiches, in dem an ein Dutzend Nationalitäten mit ebenso vielen Sprachen lebten. Im Ausmusterungsjahrgang 1912 zum Beispiel stammten von 29 Fähnrichen 8 aus Wien, 6 aus dem Küstenland, 4 aus Ungarn, 3 aus der Steiermark, 2 aus Schlesien, 2 aus Kroatien und je einer aus Oberösterreich, Kärnten, Dalmatien und Prag.

Der Oberleutnant am Militärgeographischen Institut und spätere Generalstabsoberst und Historiker Hermann Zerzawy hat einmal als Gast einer Ausmusterungs-

Bild links: Ankunft des
Thronfolgers Erzherzog Franz
Ferdinand und seiner
Gemahlin, der Herzogin von
Hohenberg, in Triest am
23. Mai 1911 anläßlich des
Stapellaufes des Schlacht-
schiffes „Viribus unitis".

Bild rechts: Der Thronfolger
Erzherzog Franz Ferdinand
beim Stapellauf des Rapidkreuzers „Novara". Fiume,
15. Februar 1913.

feier beigewohnt und deren Ablauf sehr plastisch und pathetisch geschildert: »Ein wolkenloser Himmel liegt über der breiten Bucht von Fiume. Mehrere Festgäste sind aus Abbazia gekommen. Bei der Landung warten an der Mole Marineangehörige und machen die Honneurs... Unweit liegt vor Anker, hochragend, in blendendem Weiß wie ein Schwan, Seiner Majestät Kreuzer ›Kaiserin Elisabeth‹ ganz im Flaggenschmuck... Der Generalmarsch schmettert über das Wasser, und ruckweise geht am Mast die Admiralsflagge hoch, im hellen Rot-Weiß-Rot, ehrfurchtsvoll von allen Augen verfolgt. Der Schiffskommandant, Fregattenkapitän Friedrich Freiherr von John, meldet sich. Der Admiral schreitet die Front der in Parade angetretenen Schiffsmannschaft ab und geht von Steuerbord nach Back-

bord und zurück. Achtern ist über der Kommandantenwohnung bei den Aufbauten der Altar für die Feldmesse hergerichtet, in einem Baum- und Blumenhain. In zwei Gliedern angetreten, stehen, angetan mit den Insignien ihrer neuen Charge, die jungen Seekadetten... Die Messe beginnt. Weiheklänge der Marinemusik streichen über das Verdeck und die festliche Versammlung... Dann marschieren die Kadetten auf das Achter-Freideck und nehmen im Halbkreis Aufstellung. Vor dem Flaggenstock mit der Kriegsflagge, auf die der Eid zu leisten ist, steht der Admiral als Schulkommandant, neben ihm der Klassenoffizier. ›Vater, ich rufe dich!‹ Wie ein leiser Schauer mit zunehmender Gewalt durchzieht das von der Musik gespielte ›Gebet vor der Schlacht‹ den Schiffsraum und das Gemüt. Etwas

gedämpft ertönt das Kommando ›Zum Schwören! Hut ab‹. Die Kadetten heben die Schwurfinger und sprechen die geheiligten Worte des alten Eides nach, den der Jahrgangsoffizier satzweise vorliest: ›Wir schwören zu Gott dem Allmächtigen...‹ Einen Augenblick bleibt es still. Dann löst das von der Marinemusik brausend gespielte ›Gott erhalte‹ die innere Spannung und Bewegtheit.«

Es bedarf nicht vieler Worte, um den unschätzbaren Wert zu betonen, den gute Verkehrswege in das Landesinnere für eine Hafenstadt bedeuten. Eben aus diesem Grunde wurde schon in der Frühzeit der Eisenbahnen in Österreich besonderes Gewicht darauf gelegt, die Adriahäfen in das allmählich entstehende oder zumindest geplante Bahnnetz einzubeziehen. Der erste Schienenstrang, der einen Adria-

hafen erreichte, war jener der »k. k. lombardisch-venezianischen Ferdinandsbahn« von Mailand nach Venedig, die noch unter österreichischer Ägide gebaut wurde. Erzherzog Rainer, der Vizekönig der »schönsten Provinz des Kaisers«, wie die Lombardei genannt wurde, legte persönlich den Grundstein zu der berühmten dreieinhalb Kilometer langen Eisenbahnbrücke, die von Mestre über die Lagune nach Venedig führt. 1843 wurde das erste Teilstück der Bahn von Venedig nach Padua eröffnet. Graphische Ansichten aus der Vogelschau, die 1846 vervielfältigt wurden, zeigen bereits die aus Padua herbeieilenden Züge. Dem Bahnhof von Venedig hatte man allerdings die Kirchen Santa Lucia und Corpus Domini opfern müssen.

Die Vollendung der Trasse bis Mailand

*Bild links: Stapellauf des Rapidkreuzers „Novara". Fiume, 15. Februar 1913.*

*Bild rechts: Segnung des Schiffes.*

*Feierliche Grundstein-
legung zum Triester
Bahnhof am 14. Mai 1850.
Zeitgenössische Skizze.*

befahren werden können. Damit ist schon recht viel gewonnen. Die große Lagunenbrücke, obgleich sie bei der Belagerung viel gelitten hat, wird baldigst wieder hergestellt sein, und so sind die beiden wichtigen Plätze, Venedig und Verona, auf wenige Stunden nahe gerückt. Man wird zur Eisenbahnfahrt von Venedig hierher kaum vier Stunden brauchen, von Verona nach Treviglio mit dem Eilwagen neun Stunden und von dort nach Mailand mit der Eisenbahn zwei, also im ganzen fünfzehn Stunden.«

1857 schlossen sich endlich die Gleise zwischen Venedig und Mailand. Aber schon neun Jahre später war kein Meter Strecke, keine einzige Schwelle mehr österreichisch. 1859, nach der Schlacht von Solferino, verlor Österreich die Lombardei und Mailand an Sardinien, und im Unglücksjahr 1866 mußte schließlich auch Venetien abgetreten werden. (Das war doppelt bitter, weil kurz zuvor Erzherzog Albrecht bei Custozza und Admiral Tegetthoff bei Lissa die Italiener geschlagen hatten.)

Eine Bahnlinie von Wien südwärts mit dem Fernziel Triest war ebenfalls recht bald aktuell geworden. Sie gehörte zu dem großen, für die damalige Zeit kühnen Projekt des steirischen Gelehrten Franz Xaver Riepl, der seine Theorien 1830 in einem »Memoire über die Vorteile und Bedingungen der Anlage eines vollständigen österreichischen Eisenbahnnetzes« niedergelegt hatte, das noch Jahrzehnte später »wegen seiner fast prophetischen Ausführungen« als ein »höchst merkwürdiges Schriftstück« bewundert wurde.

ging wegen finanzieller Engpässe und der Kriegsereignisse von 1848/49 nur äußerst schleppend vor sich. Friedrich Wilhelm Hackländer, ein zu seiner Zeit sehr viel gelesener Autor zahlreicher Reisebücher, der 1849 Korrespondent der Augsburger »Allgemeinen Zeitung« auf dem italienischen Kriegsschauplatz war, schrieb darüber: »Die Eisenbahn, welche die beiden Hauptstädte des lombardisch-venezianischen Königreiches, Mailand und Venedig, vereinigen soll, ist, obgleich in der Po-Ebene, wo von Terrainschwierigkeiten keine Rede ist, noch lange nicht beendigt. Feldmarschall Radetzky, groß als Staatsmann wie als Feldherr, hat, trotz der Kriegsjahre und seiner beschränkten Mittel, das Mögliche für den Bau derselben getan, und so ist die Strecke von Verona nach Vicenza beinahe vollendet und wird wohl noch zu Ende des Jahres 1849

Aber gerade dieser Schienenweg zur Adria sollte ein recht dornenvoller Weg werden. Der Venezianer Carl Ritter von Ghega, ein ebenso genialer Techniker wie einfühlender Baukünstler, legte unter unvorstellbaren Schwierigkeiten mit einem Heer von italienischen, kroatischen, deutschen, ungarischen und böhmischen Arbeitern die Trasse über den Semmeringpaß, durch das heimtückische Laibacher Moor und über das felsige Ödland des Karstes. Das Terrain für den Triester Bahnhof mußte größtenteils dem Meer abgerungen werden. Die Perrons wurden auf mehr als zehntausend Piloten fundiert, zwei Wildbäche mußten gebändigt werden, zahlreiche Häuser, darunter auch das Gebäude der alten Marineakademie, waren abzutragen.

Am 27. Juli 1857 fand im Beisein der Majestäten die Eröffnung der Gesamtstrecke Wien–Triest und des Zielbahnhofes in Triest statt, zufällig an dem gleichen Tage, an dem der Bruder des Kaisers, Erzherzog Ferdinand Maximilian, der nachmalige unglückliche Kaiser von Mexiko, im fernen Brüssel die belgische Prinzessin Charlotte zum Traualtar führte.

Die Bahneröffnung war für das aufblühende Triest ein großes und bestimmendes Ereignis. Dementsprechend wurde es auch gefeiert. Ein Festredner gedachte dankbar »der Sorgfalt, welche schon in ältesten Zeiten die erhabenen Ahnen des kaiserlichen Herrn der Seestadt Triest widmeten und die nun in der huldvollen und weisen Fürsorge für den für die Stadt so schicksalhaften Bau neuerlich zum

Ausdruck gebracht wurde«. Man verteilte Gedenkmünzen, Ghega wurde Ehrenbürger von Triest und vom Kaiser mit dem Komturkreuz des Franz-Josephs-Ordens dekoriert.

Ab 28. Juli verkehrten die ersten fahrplanmäßigen Züge, ein Eilzug und zwei Personenzüge pro Tag, von Wien nach Triest. Die Fahrzeit betrug 18 bzw. 21 Stunden, für damalige Begriffe nicht nur rasch, sondern auch leidlich bequem, was bisher bei Reisen mit der Eilpost nicht immer selbstverständlich war. Eine Fahrkarte I. Klasse kostete 34 Gulden und 1 Kreuzer, II. Klasse 23 Gulden und 33 Kreuzer und III. Klasse Personenzug 13 Gulden und 5 Kreuzer. Zum Vergleich: 1 kg Auszugsmehl kostete zur gleichen Zeit 34 Kreuzer und 1 kg Semmelmehl 15 Kreuzer. Wichtiger als der Personenverkehr war der Güterverkehr. Nun fuhren von Triest die

*Festdruck*
*des Österreichischen Lloyds*
*aus Anlaß der Eröffnung*
*der Südbahn Wien–Triest*
*1857.*

25

*Gedenkmünze zur*
*Vollendung der Südbahn*
*Wien–Triest 1857.*

schweren Lastzüge mit den umgeladenen Schiffsfrachten in Richtung Wien und in die anderen Industriezentren und Ballungsräume der Monarchie. Umgekehrt kamen die Waren aus dem Inneren Österreichs zur Verladung in alle Weltteile. Triest hatte wieder einmal seine Schwesterstadt Fiume wirtschaftlich überrundet. Der zweite große Adriahafen mußte sich immerhin noch weitere 16 Jahre gedulden, bis auch er an das bestehende Eisenbahnnetz angeschlossen wurde. In dem Standardwerk »Geschichte der Eisenbahnen der österreichisch-ungarischen Monarchie«, das zum 50jährigen Regierungsjubiläum Kaiser Franz Josephs erschienen ist, wird ausführlich über die jahrelangen »Bemühungen« und »Bestrebungen«, diese Bahnverbindung zustande zu bringen, berichtet.

So projektierte zum Beispiel 1861 ein Engländer namens Charles Boyd eine Eisenbahn von Triest über Fiume und Zara nach Cattaro. Die Wiener Regierung hielt das Projekt für undurchführbar und Mister Boyd für einen Hochstapler, jeden-

falls erteilte sie ihm nicht einmal die Genehmigung zu Vermessungsarbeiten. Zwei Anschlüsse standen ernstlich zur Debatte: die »Fiumanerbahn« einerseits, die als Seitenlinie der »k. k. privilegierten Südbahn« (vormals »südliche Staatsbahn«) von St. Peter am Karst (heute Pivka) nach Fiume führen sollte, und andererseits die von der »Croatisch-slavonischen Hofkanzlei« favorisierte »Karlstädterbahn« von Karlstadt (Karlovac) nach Fiume als Verlängerung der großen ungarischen Linie Maria-Theresiopel–Esseg–Sissek–Karlstadt.

»Seien Sie überzeugt, meine Herren, daß ich nicht unterlassen werde, den gegenwärtigen Stand der Frage dieser beiden von Ihnen befürworteten Eisenbahnen gründlich zu studieren und ohne Verzug die Anstalten zu treffen, damit diese wichtigen Unternehmungen ehestens der Beratung des Reichsrates unterzogen werden.« Das sagte Kaiser Franz Joseph I. am 29. Juli 1864 zu einer Deputation der Stadt Fiume, die in Schönbrunn in Audienz erschienen war, um die Bahnangelegenheiten zu betreiben.

Einen großen Fürsprecher erhielt Fiume in der Person des Vizeadmirals Bernhard Freiherrn von Wüllerstorf-Urbair, der als Fregattenkapitän 1857–1859 die Weltumseglung der »Novara« leitete und 1865 zum k. k. Handelsminister berufen wurde. Ministerpräsident Graf Belcredi hatte ihn dem Kaiser vorgeschlagen, weil er in ihm – wie Wüllerstorf-Biograph Friedrich Wallisch schreibt – »längst nicht nur den Seemann sah, sondern, vom Standpunkt der Regierung, viel mehr einen Meister der Wissenschaften und vor allem auch des Wissens um Wirtschaft, Handel und Verkehr«. Der gebürtige Triestiner und Seeoffizier legte verständlicherweise besonderes Gewicht auf die Förderung des Außenhandels und der Handelsschiffahrt, aber auch auf den Ausbau des österreichischen Eisenbahnnetzes, dem er sogar eine ausführliche Denkschrift widmete. Mit großer Energie versuchte er die ihm so wichtig erscheinende Bahnverbindung nach Fiume durchzusetzen und alle Hindernisse, vornehmlich solche finanzieller Art, aus dem Wege zu räumen.

Wüllerstorf war längst nicht mehr Minister und lebte bereits als Pensionist in Graz (er schied 1867 aus Gesundheitsrücksichten und wegen seines Widerstandes gegen den »Ausgleich« mit Ungarn aus dem Amt), als seine Bemühungen Früchte zu tragen begannen. 1869 erklärte der Reichsrat die Strecke St. Peter am Karst–Fiume »zwecks Eröffnung des zweiten großen Adriahafens für den österreichischen Handel« als gesamtwirtschaftlich notwendig, worauf die Regierung einen Baukostenzuschuß von 13 Millionen Gulden bewilligte und der Südbahngesellschaft ein fünfprozentiges Reinerträgnis aus dem Bahnbetrieb garantierte. Daß die 63 Kilometer lange Strecke letzten Endes erst 1873 fertig wurde, lag daran, daß die französische Baufirma, welche die Trassierung durchführte, in Konkurs ging und dadurch eine unvorhergesehene Verzögerung eintrat. Als aber dann die Bahn fertiggestellt war und den Betrieb aufnahm, war man wegen ihrer landschaftlich schönen Linienfüh-

rung allgemein voll des Lobes. Ein Korrespondent der »Abbazianer Cur-Zeitung« schilderte seinen Lesern die Fahrt folgendermaßen anschaulich: »Die Linie St. Peter–Fiume bildet für den von Wien kommenden Reisenden die Endstrecke seiner Eisenbahnfahrt. Von St. Peter her passiert die Bahn, während zur Linken der höchste Gipfel des Krainer Karstes, der von Prachtwäldern umgürtete Krainer Schneeberg (1796 m), allmählich in den Hintergrund tritt, die Karstlandschaft. Dann geht es allmählich den Küstenkarst hinab, wo die Anzeichen des Südens beginnen und von Efeu umflochtene Steine und Baumstämme, immergrüne Brombeersträucher usw. den überraschenden Wechsel der Szenerie vorbereiten, der sich vor der Station Mattuglie-Abbazia vollzieht. Hier öffnet sich dem Fahrgast plötzlich der Ausblick auf die riesige Wasserfläche des Quarnero, der Bucht von Fiume, die in duftiger Ferne die Inseln Veglia und Cherso abschließen, westwärts das grüne Gestade der istrianischen Küste mit Volosca und Abbazia. Scharf hebt sich

*Triest. Fischerhafen.*
*1908.*

über dem dunklen Lorbeerwald, der bis zu
200 Meter Seehöhe über Abbazia ansteigt,
die folgende Region des Eichenwaldes
und des Karstgebietes mit seinen Wein-
kulturen bis hinauf zu dem in 500 Meter
Seehöhe gelegenen Veprinaz. Darüber das
Massiv des Monte Maggiore, gewissermaßen des Beherrschers von Istrien. Angesichts dieses Bildes senkt sich die Bahn –
wie vor Triest – in südöstlicher Richtung
dem Meer entlang (Mattuglie liegt noch
200 Meter hoch), und der Zug donnert
durch zahlreiche Felseneinschnitte, vorbei
an der Whiteheadschen Torpedofabrik, in

den gemeinsamen Bahnhof von Fiume der
Südbahn und der ungarischen Staatsbahn.«
Die Linie Karlstadt–Fiume, von den Ungarn gebaut, wurde im selben Jahr wie der
Südbahnflügel (1873) eröffnet. Fiume
hatte also mit einem Schlag zwei Bahn-
anschlüsse erhalten, einen in die österreichische, den anderen in die ungarische
Reichshälfte. Die Ungarn waren gebüh-
rend stolz auf diese Errungenschaft und
verhinderten eifersüchtig und mit Erfolg
jede Konkurrenzierung ihres Hafens. Das
war letzten Endes auch der Grund, warum die langgestreckte dalmatinische Küste, die so dringend eines »Hinterlandes«
bedurft hätte, bis zur Auflösung der Monarchie keine leistungsfähigen Eisenbahnen erhalten hat.
Die erforderlichen Gelder für die Karlstädterbahn wurden übrigens durch das
erste ungarische Gesetz bereitgestellt, das,
nach dem »Ausgleich« von 1867 und der
Krönung Kaiser Franz Josephs I. zum
König von Ungarn, von dem nunmehr
konstitutionell regierenden Monarchen
unterschrieben worden war. Die Trasse
war schwierig anzulegen und deshalb
dementsprechend kostspielig. Landschaftlich aber ist sie über alle Maßen
schön. Sie führt durch das wildromanti-
sche, teilweise stark bewaldete Gebiet der
ehemaligen »Karlstädter Militärgrenze«,
berührt dabei die Festungsstadt Ogulin,
um dann in weiten Serpentinen von den
Höhen des kroatischen Karstes zur Adria
hinabzusteigen. Sie folgt im wesentlichen
der alten »Via Carolina«, die unter Kaiser
Karl VI. angelegt wurde, um dem Handel

Ungarns, Kroatiens und des Banats eine bessere Verbindungsmöglichkeit zur Küste zu schaffen.

Solange Habsburg an der Adria regierte, wurden noch folgende Eisenbahnen im Küstengebiet gebaut und in Betrieb genommen:

1876 die Linien Divaca–Pola und Confanaro–Rovigno, 1887 Triest–Herpelje, 1894 die Friaulerbahn Monfalcone–Cervignano, 1902 die Schmalspurbahn Triest–Parenzo, 1906 die zweite große Alpenquerverbindung zum Triester Hafen (Villach–)Aßling–Görz–Triest, und schließlich 1910 die Linie Cervignano–Pontile über Grado.

Bis 1918 gehörte Istrien mit Triest, Fiume, der Inselwelt des Quarnero und der dalmatinischen Küste zu Österreich-Ungarn. Das Versprechen der alliierten Mächte, die Adriagebiete und Südtirol bis zum Brenner Italien zu übergeben, veranlaßte Österreich-Ungarns bisherigen Dreibundpartner, 1915 der Donaumonarchie den Krieg zu erklären. Der alte Kaiser in Wien war über den »Sacro egoismo« der Italiener zutiefst erschüttert und empört. Das Manifest, das er aus diesem Anlaß an seine Untertanen richtete, gehört, wie Egon Caesar Conte Corti vermerkt, »zu den ergreifendsten Geschichtsdokumenten dieser Zeit«. In elf mörderischen Schlachten am Isonzo versuchten die Italiener die österreichische Südwestfront zu durchbrechen, um Triest zu erobern. Trotz schwerster Verluste und einem Materialeinsatz sondergleichen konnten sie aber nur lokale Einbrüche erzielen. Befehlshaber der heldenhaft kämpfenden

österreichisch-ungarischen Truppen war ein Kroate, der energische Feldmarschall Svetozar Boroević von Bojna.

Im Spätherbst 1917 gelang Österreich mit deutscher Unterstützung der berühmte Durchbruch bei Flitsch und Tolmein, der den Zusammenbruch der italienischen Isonzofront zur Folge hatte. Zwei Wochen nach Beginn des Angriffs standen die k. u. k. Truppen knapp vor Venedig, das italienische Oberkommando räumte fluchtartig Udine, 300.000 Gefangene wurden eingebracht und an die 3000 Geschütze erbeutet.

*Triest. Am Fischmarkt. 1913.*

29

Die Entscheidung des Krieges zugunsten der Monarchie war trotzdem nicht gefallen. Ausgeruhte englische und französische Divisionen, das Eingreifen der Vereinigten Staaten von Amerika in den Krieg, das Scheitern der Frühjahrsoffensive 1918 an der Piave und schließlich der allgemeine Zusammenbruch der Mittelmächte, all das machte die übermenschlichen Anstrengungen und die bisherigen Erfolge der Österreicher zunichte.

Im November 1918 zerbrach das Vielvölkerreich. Italien besetzte die österreichischen Gebiete an der Adria, und noch im gleichen Monat konstituierte sich der neue südslawische Staat. König Viktor Emanuel III. von Italien vollzog persönlich am 14. November die Besetzung von Triest. Die Jugoslawen hingegen beanspruchten Fiume für sich und besetzten die Stadt. Allerdings nur für ein knappes Jahr, denn schon am 12. September 1919 erschien der italienische Dichter und Nationalheld Gabriele d'Annunzio mit seinen Legionären, nahm Stadt und Hafen im Handstreich und errichtete die sogenannte »Reggenza del Carnaro«. Schon einmal war d'Annunzio wegen einer Bravourleistung in aller Munde gewesen: Im August 1918 flog er als Major der italienischen Luftstreitkräfte mit einem Geschwader von sechs Maschinen nach Wien und warf über der Stadt Flugblätter ab. Als er 1938 starb und mit großem Pomp begraben wurde, schlugen die Italiener für ihren Landsmann, der immer auf großem Fuß gelebt hat, spöttisch folgende Grabinschrift vor:
»Gabriele ruht hier, der viel Ruhm erwarb,

auf Kosten des Staates lebte und starb!«
Fiume wurde 1920 im Vertrag von Rapallo zum Freistaat erklärt und 1923 von Italien annektiert. Dabei blieb es bis 1945. Von Dalmatien erhielt Italien lediglich die Stadt Zara und die Quarnero-Inseln Cherso und Lussin zugesprochen, bei weitem weniger, als ihm 1915 bei seinem Eintritt in den Krieg gegen die Monarchie von den Ententemächten versprochen worden war.

Bleibt eigentlich nur noch festzustellen, daß sich auch nach dem Zweiten Weltkrieg die politische Landschaft an der Nordadria verändert hat und Italien nicht nur seiner Stützpunkte in Dalmatien und im Quarnero verlustig ging, sondern auch ganz Istrien mit Fiume an Jugoslawien abtreten mußte.

Ein kleines Detail am Rande: Die Spaziergänger auf der Strandpromenade in Abbazia (nunmehr Opatija) können die politischen Wandlungen auf den Beschriftungen der Kanaldeckel sehr genau verfolgen. Die Deckel aus der k. u. k. Zeit tragen die Aufschrift »Bauunternehmung Carl Frh. von Schwarz«, jene aus der italienischen Zeit »Comune di Abbazia« und die aus der jugoslawischen Ära »Kanalizacija, Ljubljana« ...

**WIEN 1913** VON MAI BIS OKTOBER

OESTERREICHISCHE ADRIA AUSSTELLUNG

KURT LIBESNY

Postkarte von der Österreichischen Adria-Ausstellung im Wiener Prater. Die Ausstellung sollte nach dem Wunsch des Thronfolgers Erzherzog Franz Ferdinand das Verständnis der Bevölkerung für die Seefahrt wecken.

# Abbazia

## Vom Wienerischen Savoir-vivre an der Adria

Die Autoren des 1913 erschienenen vaterländischen Prachtwerkes »Mein Österreich – mein Heimatland« nannten Abbazia die »Perle der österreichischen Riviera«. In der liebevollen, bisweilen geradezu schwärmerischen Beschreibung des Seebades schwingt wohl auch ein wenig Stolz darüber mit, daß es Österreich gelungen war, innerhalb weniger Jahrzehnte einen Kurort am Meer, einen Treffpunkt der in- und ausländischen Hautevolee, geradezu aus dem Boden zu stampfen, noch dazu an einem Platz, der wegen seiner abgeschiedenen Lage eigentlich gar nicht dazu prädestiniert schien.

Abbazia wurde durch einen Zufall »entdeckt« und war, genaugenommen, eine Wiener »Erfindung«. Die ersten großen Nobelhotels und Badeanstalten wurden von Wien aus geplant, finanziert und verwaltet, Wiener Ärzte machten ihre wohlhabenden Patienten auf die heilsame Seeluft aufmerksam, Wiener Modehäuser, wie das Kindermodengeschäft Ignaz Bittmann in der Kärntnerstraße, eröffneten Filialen in Abbazia, Reitzes & Co. schickten Kutscher und Kondukteure für die Stellwagen, die Wiener Freiwillige Rettungsgesellschaft spendete die erste Rotkreuz-Station samt Rettungswagen, und sogar die Direktoren der Abbazianer Tramway-Gesellschaft saßen nicht in Büros an der blauen Adria, sondern am Schottenring in Wien.

Abbazia war jedenfalls schon vor der Jahrhundertwende, wie auch Ernst Trost in seinem Buch »Das blieb vom Doppeladler« bestätigt, zu einem »Inbegriff des Küstentourismus geworden, zwar nicht ein Karlsbad oder Marienbad, aber doch so etwas wie ein Bad Ischl an der Adria«. Doch wir wollen der Geschichte nicht vorgreifen.

Das alte Fischerdorf Abbazia geht auf eine geistliche Gründung zurück. Es steht fest, daß unter der Herrschaft der Grafen von Wallsee, der Lehensherren der liburnischen Domänen, die das stolze Schloß Duino bei Triest bewohnten, so etwa zwischen 1400 und 1440 (das genaue Datum läßt sich nicht mehr eruieren) die Benediktinerabtei »San Giacomo al palo« (»St. Jakob am Pfahle«) errichtet wurde. Und diese Abtei – italienisch »Abbazia«, kroatisch »Opatija« – hat der Meeresbucht, dem Dörfchen und letztlich auch dem Kurort den Namen gegeben.

Es ist eine Urkunde vom 8. Mai 1449 erhalten, in der ein Abt Fra Giacomo seines Vorgängers Radmann, offenbar eines Deutschen, in freundlichen Worten gedenkt. Auch von einer Bulle Papst Nikolaus' V. aus dem Jahre 1453 wird berichtet, in der die »Abtei des heiligen Jakob in Preluka« erwähnt wird. (Preluka ist den heutigen Touristen vornehmlich als Campingplatz zwischen Rijeka und Opatija bekannt.)

Die zum Kloster gehörende kleine Kirche wurde von einem Abt Simon 1506 errichtet, wie auf einer Inschrift über dem Portal zu lesen steht: »1506 21 Julij Symeon abbas fieri fecit.« 1792 wurde das Gotteshaus restauriert und unter italienischer Herrschaft nach dem Ersten Weltkrieg noch ein zweitesmal, wodurch es sein ursprüngliches Aussehen verlor. 1507 bedachte Kaiser Maximilian, »der letzte Ritter«, seinen Geheimschreiber Lucas de Renaldis mit der Abtei, und dessen Nachfolger, Giovanni Beacharich, beschließt die Reihe der Prälaten aus dem Orden des heiligen Benedictus, der sich demnach nicht viel länger als ein halbes Jahrhundert seiner frommen Stiftung »am Pfahle« erfreuen konnte.

In der Folge wechselte die Abtei in mehr oder weniger langen Abständen ihre Herren: Im Jahre 1552 gelangte sie in den Besitz des Bischofs von Zengg (Senj), der bei Seiner kaiserlichen Majestät in Wien gar nicht gut angeschrieben war. Ferdinand I. beschuldigte den Kirchenfürsten, Teile des Bistums widerrechtlich verkauft zu haben und in den Wäldern räuberisch zu wirtschaften. In der Tat waren die Tage des Zengger Bischofs gezählt, denn schon 1590 bezogen die Jünger des heiligen Augustinus die Abtei. Die Augustiner wurden von den Jesuiten abgelöst, und nach einem kurzen weltlichen Interregnum der Grafen von Ciculine hielt abermals ein Orden seinen Einzug in »San Giacomo al palo«. Diesmal mußte sich der Heilige aber mit geistlichen Herren von geringerem Werte bescheiden: Es waren nicht die emsigen Benediktiner, nicht die reichen Augustiner und auch nicht die klugen, welterfahrenen Jesuiten, sondern die armseligen asketischen Paulaner-Eremiten aus Cirkvenica, die sich in der Abtei einnisteten. Es dauerte nicht lange, und die Paulaner mußten wiederum dem Domkapitel von Fiume Platz machen, welches sich die Abtei zur Sommerfrische oder überhaupt zu einem gemütlichen »Buen retiro« auserkoren hatte. Die

Canonici lebten hier recht angenehm und litten durchaus keinen Mangel, denn die Klostergüter waren durchaus nicht arm, sondern warfen beträchtliche Gewinne aus dem Handel mit Wein und Edelkastanien ab. Allerdings genossen auch die Fiumeser Domherren ihren Besitz nur

*Leopold Ritter von Schrötter-Kristelli.*

der vermögende Patrizier aus Fiume Iginio Ritter von Scarpa in der stillen grünen Adriabucht ganz nahe am Strand ein herrschaftliches Landhaus erbauen ließ, das er nach seiner Gattin »Villa Angiolina« benannte. Rings um die im Stile eines adriatischen Biedermeier errichtete Villa legte Scarpa einen prächtigen Park mit exotischen Pflanzen an, die er um teures Geld aus überseeischen Ländern kommen ließ. Die verschiedenen Palmenarten, Magnolien und duftenden roten, rosafarbigen und weißen Kamelien gediehen in dem milden, windgeschützten Klima Abbazias wundervoll.

Die Villa Angiolina wurde alsbald der gesellschaftliche Mittelpunkt Istriens, zumal Scarpa und seine bildschöne, aus der großbürgerlichen Triestiner Familie Sartori stammende Gemahlin ein ungemein gastfreundliches Haus führten und glänzende Sommerfeste, Feuerwerke und Bälle veranstalteten. Die Gastfreundschaft des liebenswürdigen und noblen Ehepaares ging so weit, daß es für seine Freunde einen eigenen Pendelverkehr mit Zweispännern zwischen Fiume und Abbazia einrichtete.

Um es den »Herrschaften« gleichzutun, pflegten auch die einfachen Bürger Fiumes sonntags hinaus in das kleine Fischerdorf zu wandern, sich in den weiten Lorbeerhainen zu ergehen, unter schattigen Kastanienbäumen sich gütlich zu tun und zum Tagesabschluß in einer der Weinschenken einzukehren. So wurde Abbazia zum lokalen Ausflugsort und der Herr von Scarpa, ohne es zu wissen, zum Ahnherrn und Wegbereiter des Fremden-

wenige Jahre, und nachdem das Kloster noch einmal kurzfristig von den Jesuiten okkupiert worden war, wurde es 1773 zugleich mit dem Orden selbst aufgehoben.

Damals, zur Zeit der Säkularisierung der Abtei, hatten sich bereits rings um die Kirche Fischer und Bauern niedergelassen. Das Dorf war aber noch sehr klein, die Matrikeln von 1759 weisen nicht mehr als 40 Seelen aus. 1840 waren es schon 250 Einwohner und 35 Häuser, wie ein Kapitän namens Ivan Fiamina gewissenhaft für die Nachwelt aufgezeichnet hat.

Einen wichtigen Punkt in der Geschichte Abbazias markiert das Jahr 1844, als sich

verkehrs in der Region Fiume. Über den Bereich Istriens hinaus wurde Abbazia aber erst bekannt, als 1854 der Banus von Kroatien, Josef Freiherr von Jellačić, in der Villa Angiolina gastliche Aufnahme fand und 1860 sogar Kaiserin Maria Anna, die Gemahlin des 1848 abgedankten Kaisers Ferdinand I. (des »Gütigen«), aus ihrem Alterssitz am Hradschin in Prag zur Erholung angereist kam.

Der Aufenthalt der Kaiserin war eine außerordentlich gelungene Werbung. Der österreichisch-ungarische Adel und die Ärzteschaft wurden auf Abbazia aufmerksam und begannen sich für das Fleckchen Erde am Fuße des Monte Maggiore zu interessieren. Die adeligen Familien wohl deswegen, weil sie dem Beispiel ihrer Exkaiserin folgen wollten, die Ärzte, weil sie von den interessanten Forschungsergebnissen des Wiener Laryngologen Leopold Schrötter Ritter von Kristelli erfuhren. Schrötter-Kristelli, der in Wien die erste laryngologische Lehrkanzel der Welt gründete, hatte die hervorragende Konzentration des Aerosols in der Luft Abbazias festgestellt und nachdrücklich auf den therapeutischen Wert des feucht-milden Klimas hingewiesen. Der spätere Kurvorsteher Professor Julius Glax brachte die Vorteile der »Winterstation Abbazia« auf folgende, auch für Nichtmediziner leicht faßliche Formel: »Der hohe, gleichmäßige Luftdruck, der ziemlich bedeutende relative Feuchtigkeitsgehalt der Luft und die Möglichkeit, sich während der Wintermonate viele Stunden im Freien aufzuhalten, scheinen uns die wichtigsten Faktoren zu sein.«

Friedrich Schüler.
General Direktor der k. k. priv. Südbahngesellschaft, Mitglied
des Herrenhauses des österr. Reichsrathes etc. etc. etc.

Wie die Vergleiche zeigten, war die mittlere Wintertemperatur tatsächlich höher als in allen anderen klimatischen Kurorten der Monarchie. Sie beträgt genau 10,1 Grad Celsius und ist damit gleich hoch wie im vielgerühmten Nizza. Als besonders wohltuend wurde empfunden, daß trotz der milden Winter im Sommer durchaus keine drückende Hitze herrscht. In einem alten Jahrbuch der k. k. Centralanstalt für Meteorologie in Wien findet man sogar ausdrücklich hervorgehoben, daß »die höchsten Sommertemperaturen in Abbazia nur um ein Grad höher sind als in Wien«.

Aus der Reihe der um Abbazia bemühten

35

schwand eines Tages in einer ministeriellen Schreibtischlade.

Der zündende Funke kam indes von einer ganz anderen Seite als erwartet. Der seinerzeit sehr geschätzte Reiseschriftsteller Heinrich von Noé schwärmte in den Wiener Salons von den Schönheiten der istrianischen Küste, besonders von der grünen Oase zwischen Volosca und Lovrana mit den üppigen Lorbeerhainen, der überwältigenden Blütenpracht und den mächtigen uralten Eichenbäumen. Unter seinen interessierten Zuhörern befand sich der Generaldirektor der Südbahngesellschaft Friedrich Schüler, und dieser wurde, angeregt durch die lebhaften Schilderungen, zum entscheidenden Mann für Abbazia.

Schüler, ein gebürtiger Elsässer, war das Beispiel eines energiegeladenen, präzise planenden Wirtschaftsmanagers. Seine Karriere bei der damals noch privaten Südbahn verlief ungewöhnlich steil: 1861 Generalinspektor, 1869 kommerzieller Direktor, 1871 Verkehrschef und 1878 Generaldirektor. Seine erste große Leistung war es, die Bahngesellschaft durch geschicktes Taktieren aus der Finanzkrise herausgeführt zu haben, in die sie durch die Gebietsverluste Österreichs in Italien 1859 und 1866 und die damit verbundene Abtrennung eines nicht geringen Teiles des Südbahnnetzes geraten war.

Als Verwaltungsfachmann stellte er die ersten österreichischen Überseetarife auf und schuf das Reglement für Eisenbahn-Militärtransporte. Während der Vorbereitungen zur Okkupation Bosniens 1878 organisierte er innerhalb weniger Tage

und verdienten Mediziner soll auch der kroatische Arzt und Schriftsteller Dr. Sporer aus Fiume erwähnt werden, der noch viel weiter als seine Kollegen ging und einen Aufenthalt am Quarnero bei Lungenkrankheiten, Nervenleiden, Herzkrankheiten, Magen- und Leberleiden, praktisch also bei allen Erkrankungen, empfahl. Als Seebad pries er Abbazia für »anämische und schwächliche Individuen, namentlich für blutarme Kinder« an. Sein Wunschtraum war, Abbazia zu einem Weltbad vornehmen Zuschnitts zu machen, doch fehlte ihm zur Realisierung dieses Planes das nötige Geld. In Wien stieß das Projekt auf Skepsis und verden Abtransport von 30.000 Mann der Garnison Wien und des gesamten Kriegsgeräts an die Einsatzplätze, ohne daß der fahrplanmäßige Verkehr auch nur im geringsten gestört wurde. Zwei Hauptadern des österreichischen Verkehrsnetzes, die Brennerlinie und die Strecke durch das Pustertal, baute die Südbahn unter seiner maßgeblichen Mitwirkung. Auch die erste elektrische Bahn Österreichs (Mödling–Hinterbrühl), die damals eine aufsehenerregende Sensation war, setzte er gegen die ängstlichen Bedenken der Behörden durch.

Das größte Verdienst Schülers aber war es, der Lehrmeister des österreichischen Fremdenverkehrs gewesen zu sein. Er erkannte sehr genau, daß man den Fremdenverkehr nicht allein mit gemütvollen Landschaftsschilderungen in Gang bringen könne, sondern daß es dazu wohl viel mehr bedürfe. Wer damals, als der Massentourismus noch ein Fremdwort war, in rotgepolsterten Coupés I. Klasse reiste, der wollte auch an seinem Ferienziel angemessenen Komfort und Zerstreuung nicht missen.

Also errichtete Schüler an drei verschiedenen, zum Bereich der Südbahn gehörenden Orten First-Class-Hotels. Das erste entstand 1878 in Toblach, am Fuße der Dolomiten. Es war viele Jahre hindurch das größte und exklusivste Haus Tirols und wurde besonders vom deutschen Geldadel nördlich der Main-Linie frequentiert, weil Kronprinz Friedrich Wilhelm zu seinen Stammgästen zählte. 1882 folgte das Südbahnhotel auf dem Semmering. Schülers Wiener Freunde Schön-

*Gedenktafel für Professor Theodor Billroth am Strandweg unterhalb der Kirche zum hl. Jakob.*

thaler und Silberer, der eine Maler, der andere vermögender Kavaliersportler und Ballonpilot, hatten ihm dringend den windgeschützten und nebelfreien Nordhang des Pinkenkogels als Standort für das Hotel empfohlen. Auch hier stellte sich ein überraschender geschäftlicher Erfolg ein: Bereits im zweiten Jahr nach der Eröffnung konnte die Hoteldirektion den vierzigtausendsten Gast begrüßen.

Um diese Zeit war Friedrich Schüler bereits fest entschlossen, das dritte Südbahnhotel an der Adria, in Abbazia, bauen zu lassen. Den letzten Anstoß gab der Chirurg Professor Theodor Billroth, der die Forschungsergebnisse seines Kol-

37

*Die Bucht von Abbazia. Links die Marienstatue zur Erinnerung an den am 27. März 1891 im Meer ertrunkenen deutschen Grafen Arthur Kesselstadt. 1956 wurde die Marienstatue durch eine bronzene Nymphenfigur ersetzt.*

legen Schrötter-Kristelli vollinhaltlich bestätigte und Abbazia eine glänzende Zukunft als Kur- und Badeort voraussagte. Er selbst hielt Abbazia bis zu seinem Tode die Treue und verstarb dort am 6. Februar 1894. Seine Gedenktafel befindet sich an der Uferpromenade unterhalb der Kirche zum heiligen Jakob.

Im Sommer 1882 kaufte die Südbahngesellschaft mehrere Baugründe und die Villa Angiolina, welche inzwischen im Jahre 1875 von der Familie Scarpa in den Besitz des Grafen Victor Chorinsky übergegangen war. Bis zur Errichtung des Hotels diente die Villa zur Unterkunft für die – laut Triestiner Zeitung »Nasa Sloga« – »ziemliche Anzahl von Herrschaften, die bereits zwecks Sommerfrische in Abbazia eintreffen«. Mit dem Bau des Hotels »Quarnero« (nunmehr »Kvarner«), des ersten Hotels an der istrianischen Küste

überhaupt, und einer Badeanstalt, getrennt für Damen und Herren, wie die Vorschrift es verlangte, wurde 1883 begonnen. Generaldirektor Schüler hatte einen seiner tüchtigsten Baufachleute, den Südbahn-Oberinspektor Oswald Meese, der eigentlich für Bahnhöfe zuständig war, mit der Bauleitung betraut. In der Rekordzeit von zehn Monaten war der weitläufige Hotelpalast fertig und wurde am 27. März 1884 eröffnet. Seine Fassade im Rivierastil der achtziger Jahre des vorigen Jahrhunderts hat sich bis in unsere Tage unverändert erhalten.

Der Zustrom von Kranken, Rekonvaleszenten oder einfach nur Erholungsuchenden aus der ganzen Monarchie und aus dem Ausland setzte derart vehement ein, daß ein einziges Hotel für Abbazia bei weitem zuwenig war. Als stilgerechtes Gegenstück zum »Quarnero« baute Schüler das Hotel »Stephanie«, benannt nach der Kronprinzessin, und ließ durch Makler immer weitere Grundstücke ankaufen, die er teils für künftige Neubauten reservierte, teils parzellieren ließ, um sie bei günstiger Gelegenheit weiterzuveräußern. In dem kleinen Dörfchen Ika zwischen Abbazia und Lovrana erwarb er die »Campagna Colona«, eine ausgedehnte Landwirtschaft, die mit ihren Wein-, Gemüse- und Obstgärten den Bedarf der beiden Südbahnhotels deckte.

Um sich eine Vorstellung von der raschen Ausbreitung Abbazias zu machen, muß man die Gemeindestatistik studieren. 1883, als das erste Hotel gebaut wurde, bestand der Ort aus nur 56 verstreuten Bauernhäusern und Fischerhütten. 1889 gab es bereits 90, 1896 sogar schon 160 Neubauten. Die Südbahngesellschaft selbst errichtete in weiterer Folge das Hotel Slatina (heute Hotel Slavija) und mehrere Dependancen und eröffnete 1890 die prachtvolle Villa Amalia, die 1894 den Großherzog Adolf von Luxemburg – der hier 1901 auch seine goldene Hochzeit feierte – beherbergte. Dazu kamen die Villen Mandrina, Flora und Laura, die heute alle noch existieren, allerdings im Laufe der Jahrzehnte ihren Namen mehrmals wechseln mußten. Der »Bazar Mandrina« mit seinem hübschen Wandelgang und dem ehemaligen Postamt bildete gewissermaßen den würdigen Abschluß der enormen Bautätigkeit der Gesellschaft.

Für die bunten Gärten rings um die Hotels und Villen zeichnete fachkundig der Direktor der Wiener Gartenbaugesellschaft Carl Schubert verantwortlich; einen »Ter-

*Abbazia. Kurpark und Hotel „Kronprinzessin Stephanie“. Um 1912.*

rain-Curweg« für sportlich ambitionierte Wanderer in das hoch über Abbazia gelegene Dorf Veprinaz und die berühmte, 12 Kilometer lange »Friedrich-Schüler-Strandpromenade« von Volosca über Abbazia bis nach Lovrana baute der Österreichische Touristenclub. Was immer in all diesen Jahren in und um Abbazia geschah, ging direkt oder indirekt auf Friedrich Schüler, den Unermüdlichen, zurück. Es war das perfekte Fremdenverkehrsmanagement, das in Österreich-Ungarn gewiß nicht seinesgleichen hatte.

1885 fand der erste Ärztekongreß in Abbazia statt. Zahlreiche Mediziner aus allen Königreichen und Ländern der Monarchie und aus dem Ausland folgten der Einladung der Südbahngesellschaft. Sie kamen, sahen, hörten und staunten. Billroth hielt das Hauptreferat. Vielleicht konnte der eine oder andere Teilnehmer

*Abbazia. Konditorei Gerbeaud.*
*1902.*

sogar an sich selbst feststellen, »daß in einem solchen Klima selbst die heftigsten Raucher starker Zigaretten genesen und den Raucherkatarrh verlieren«, wie die Kurverwaltung versprach.

Aus Deutschland war der berühmte Pathologe Professor Rudolf Virchow gekommen. Ihn beeindruckte vornehmlich die Küstenlandschaft, und er berichtete in der Berliner Medizinischen Gesellschaft über seine Adriareise: »Der Haupteindruck, den ich empfing, stützte sich auf eine Betrachtung der Vegetation. Diese hat einen so absolut südlichen Charakter, daß jemand, der eben erst von dem öden und zerrissenen Karst herunterkommt,

sich wie in einer plötzlichen Verwandlung fühlt. Der ganze Ort ist in dichte Lorbeerhaine eingeschlossen, die schattige Wege enthalten. Unmittelbar vor den Häusern stehen die Gewächse der Subtropen: Zwergpalmen und Drachenbäume, Yucca und Camelien, Granaten und was sonst in freiem Lande gedeiht, ohne daß, wie man mir versichert hat, ein besonderer Schutz für sie hergerichtet wird oder sie gar im Winter in Häuser gebracht werden. Die Küste zeigt die dick- und hartblättrigen Stauden des Südens mit ihren starken Gerüchen. Dabei wachsen etwas höher Alpenveilchen. Genug – der Eindruck der Vegetation ist ein absolut günstiger!

Das Seebad liegt unmittelbar an den Gebäuden; mit ihm sind Wannenbäder, gymnastische, elektrische und andere Einrichtungen verbunden. Alles vorzüglich gehalten und von äußerster Sauberkeit. Meine Erinnerungen an diese Tage gehören zu den schönsten, die ich von meiner Reise heimgebracht habe.«

Der sichtbare Erfolg des Ärztekongresses stellte sich allerdings erst nach vier Jahren ein; so lange dauerte der beschwerliche Instanzenweg, bis am 4. März 1889 Abbazia durch ein Landesgesetz offiziell zum Kurort erklärt wurde, womit der einstimmige Wunsch der Kongreßteilnehmer Erfüllung fand. Als erster Kurvorsteher fungierte der pensionierte Oberst Guido Wachter, ehemaliger Regimentskommandant der Liechtenstein-Dragoner in Stanislau, ein wegen seiner Tüchtigkeit und Gediegenheit allseits hochgeschätzter Offizier. Zum Direktor ihrer Kuranstalten machte die Südbahngesellschaft den Prä-

40

sidenten des Österreichischen Touristenclubs, Kaiserlichen Rat Anton Silberhuber, eine vornehmlich in Wiener Sport-
kreisen sehr bekannte Persönlichkeit.
Nach ihm ist das später niedergebrannte
erste Schutzhaus am Hermannskogel in
Wien benannt worden.

Sowohl Wachter wie auch Silberhuber,
der aus dem Militär-geographischen Institut hervorgegangen ist, fanden in Abbazia
schon eine Menge ehemaliger Kameraden
aus ihrer aktiven Dienstzeit vor: 1888 war
das »k. u. k. Officiers-Curhaus« eröffnet
worden, welches die Südbahngesellschaft
zur Feier des 40jährigen Regierungsjubi-
läums Kaiser Franz Josephs erbaut und in
großzügiger Weiser der Österreichischen
Gesellschaft vom Weißen Kreuz zum Geschenk gemacht hatte.

Silberhubers Tätigkeit in Abbazia dauerte
neun Jahre, bis 1898 die Südbahngesellschaft ihre Etablissements an die Inter-
nationale Schlafwagen-Gesellschaft ver-
pachtete und die Geschäftsführung in die
Hände eines Herrn Lucian Croci über-
ging, der bisher die Hotels der »Compagnie des Wagons Lits« in Lissabon, Brin-
disi und Rom geleitet hatte.

In die Zeit Silberhubers fallen – abgesehen
von den immer häufigeren Aufenthalten
»hoher und höchster Herrschaften«, worauf wir noch später zurückkommen werden – einige für den Kurort berichtens-
werte Ereignisse.

Am 29. Mai 1894 verstarb der »Entdek-
ker« Abbazias, Friedrich Schüler, in Mödling bei Wien und fand dort seine letzte
Ruhestätte. Die sepiafarbene Kuppel seines Mausoleums blickt über die Baum-

*Abbazia. Slatina-Bad.*

wipfel des Friedhofs zur Südbahntrasse
hinüber und grüßt symbolhaft die Züge,
die dem Süden zu, zur Adria rollen.
Schüler blieben noch zu seinen Lebzeiten
Anerkennung und Ehrungen nicht ver-
sagt, der Kaiser ernannte ihn zum lebens-
länglichen Mitglied des Herrenhauses,
eine der hohen Würden, die das alte
Österreich zu vergeben hatte. Bald nach
seinem Tode wurde Schüler in Abbazia
ein Denkmal gesetzt, welches die Italiener
und selbst die Jugoslawen unangetastet
ließen und das heute gewissermaßen zum
festen »Inventar« des Kurparks gehört.
Am 24. September 1896 »erstrahlte Abbazia zum erstenmal im elektrischen Lich-

*Abbazia. Corso vor dem „Bazar Mandrina".*
*1900.*

stellt wurden, an die 2000 junge Mädchen und Frauen beschäftigte und so gut entlohnte, daß keine von ihnen an einen Postenwechsel dachte. Die Kurvorstehung sah sich deshalb gezwungen, Personal anderswo anzuwerben, ja sogar in Krain, Böhmen und Ungarn, was sich durchaus nicht als Nachteil erwies, weil aus Böhmen exzellente Köchinnen kamen und die jungen Ungarinnen adrette Kammerzofen waren.

Eine andere Sache, die überlegt und organisiert werden wollte, war der Ortsverkehr. Zwischen den Bahnstationen Mattuglie und Abbazia verkehrten von und zu jedem Zug Stellwagen, die unbequem und teuer waren. Der Fahrpreis für den 7 Kilometer langen holprigen Weg betrug 1 Gulden und 20 Kreuzer. Eine Pferdetramway existierte in Abbazia nie, wohl aber wurden Pferdebahnpersonal und Rösser bei Bedarf zeitweilig von Baden bei Wien an den Stellwagenbetrieb an der Adria »ausgeliehen«. Der bekannte Ruf der Kondukteure »Mir san komplett, aber der nächste Wagen ist ganz leer« soll, sinngemäß ins Italienische übersetzt, auch unter istrischer Sonne recht verbindlich geklungen haben. Ansonsten gab es Fiaker für noble Fuhren mit entsprechend hoher Taxe (bis zu 5 Gulden zur Bahn nach Mattuglie) und Einspänner für sparsamere Leute. Überlandpartien nach Fiume oder Triest wurden nur mit behäbigen Landauern unternommen. Die guten Hotels besaßen eigene Fuhrwerke, sogenannte »Phaëtons«, leichte offene Wagen mit Stoffdach für Schönwetter und geschlossene Kaleschen, wenn es regnete.

te«, und seit 1897 versorgte eine Hochquellenleitung vom Monte Maggiore den Ort mit tadellosem Trinkwasser. Silberhuber bewährte sich auch bei der Lösung scheinbar nebensächlicher, doch für einen ordentlichen Kurbetrieb sehr wichtiger Probleme. So war zum Beispiel in der näheren und weiteren Umgebung Abbazias fast kein weibliches Dienstpersonal für die Hotels und Fremdenpensionen aufzutreiben, weil die Zigarrenfabrik in Fiume, wo die beliebten Virginias herge-

Ein fast unglaubliches Service bot die Südbahn ihren Passagieren. Den Reisenden, die mit Abend- oder Nachtzügen, ermattet von der langen Eisenbahnfahrt, in Mattuglie ankamen, standen im Stationsgebäude fünf bestens eingerichtete Fremdenzimmer zur Verfügung, wo sie nächtigen konnten, um nicht noch bei Nacht mit dem Pferdewagen nach Abbazia weiterfahren zu müssen. Die Zuteilung der Zimmer nahm der Stationschef persönlich vor, für die »Bedienung« der Gäste und einen kleinen Imbiß sorgten die Gattin und das Dienstmädchen. Der Zimmerpreis war gering, das Trinkgeld der Großzügigkeit der Reisenden überlassen. Ebenso wichtig, aber viel billiger als der Straßenverkehr war um diese Zeit die Küstenschiffahrt. Die erste regelmäßige Dampferverbindung wurde 1869 von Fiume nach Triest eingerichtet, wobei Passagiere auch in Abbazia, Ika, Moschienizze und Pola an Bord genommen wurden. 1884, als das Hotel Quarnero seine Pforten öffnete, begann die »Ungaro-Croata« mit kleinen Küstendampfern einen einstündigen Pendelverkehr zwischen Fiume und Abbazia, der 1890 bis nach Lovrana verlängert wurde. Später erweiterte sich das Liniennetz noch mehr, mehrmals am Tage liefen Schiffe von Abbazia aus die Insel Veglia und Buccari, dreimal in der Woche Lussinpiccolo, Cherso und Pola an. Um die Jahrhundertwende war der Seeverkehr in der Quarnerobucht so dicht, daß jährlich bis zu 11.000 Liniendampfer gezählt wurden, die in dem kleinen Hafen von Abbazia anlegten. Wie unentbehrlich der Schiffsverkehr ge-

worden war, zeigte sich, als in der Sommersaison 1908 das Personal der »Ungaro-Croata« wegen Lohnforderungen in den Streik trat. Über Nacht war die Küstenschiffahrt lahmgelegt. Allein im Hafen von Fiume lagen dreißig Dampfer mit kalten Maschinen, an der Mole stauten sich schimpfende Menschen, Gepäckstücke und Güter. Einige Tage lang besorgten Torpedoboote der k. u. k. Kriegsmarine den Postdienst zu den Inseln und nach Dalmatien.

*Abbazia.*
*„Villa Amalia" und „Casino*
*des Étrangers".*
*Aquarell v. Stefanie Glax.*

43

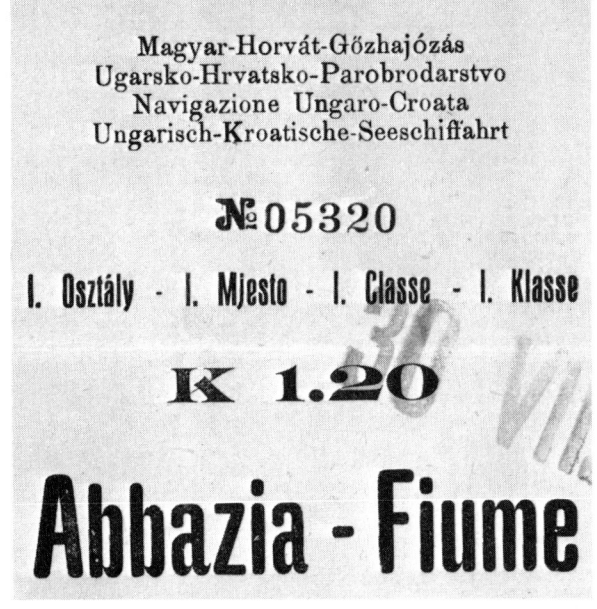

Natürlich hatte die Schiffahrt auch ihre schwachen Seiten. Bei schlechtem Wetter waren die Dampfer unpünktlich, und bei schwerem Seegang wagte kein Kapitän in Volosca, Abbazia oder Lovrana anzulegen. Bei Schönwetter im Sommer hingegen waren die Küstendampfer hoffnungslos überfüllt (die »Petar Zrinski« kenterte fast einmal unter der Last der Passagiere), so daß sich die Villenbesitzer von Abbazia zusammentaten und an die Südbahngesellschaft mit der Bitte um Einführung eines zusätzlichen Zuges von Fiume nach Mattuglie herantraten. Als großer Nachteil wurde auch empfunden, daß das letzte Schiff nach Fiume schon zur 5-Uhr-Teezeit Abbazia verließ.

Für den »Individualverkehr« zu Wasser (wenn es diesen Ausdruck damals schon gegeben hätte) standen in reichlicher Anzahl Barken bereit, die für Spazierfahrten zu einem unglaublich niedrigen Preis ge-

mietet werden konnten. Für die Unterhaltung der Fahrgäste sorgten die Bootsführer mit ihrem lustigen deutsch-italienisch-kroatischen Kauderwelsch, das immer munterer und kurioser wurde, je öfter man am Ufer eine Pause zwecks Einnahme einer Erfrischung einlegte.

Das Verhältnis zwischen Gästen, die Heilung oder Erholung suchend an die Küste kamen, und den Einheimischen war im allgemeinen sehr gut. Selbst hochgestellte Persönlichkeiten standen mit »ihren« Bootsleuten, Kellnern, Friseuren usw. auf vertrautem Fuße. Der Großherzog Wilhelm IV. von Luxemburg hatte in Abbazia sogar seinen eigenen »Leibbettler«, dem er beim Begräbnis das letzte Geleit gab. Abbazia war, wie wir schon erwähnt haben, keine »gewachsene« Kurstadt und konnte daher auch nicht auf so reiche Traditionen zurückblicken wie etwa Badgastein oder Karlsbad. Trotzdem fühlte sich die »erste Gesellschaft« hier offenbar sehr wohl, und ein Blick in die alten Fremdenbücher bestätigt, was ein »Führer für Curgäste« von 1910 mit Stolz vermerkt: »Das Publikum, welches Abbazia bisher besuchte, war nicht nur ein sehr zahlreiches, sondern auch ein sehr distinguiertes.« Unter den Höchsten der hohen Herrschaften findet man das deutsche Kaiserpaar, König Georg von Griechenland, den König von Serbien (aus dem Hause Obrenović) Milan I. und seinen Sohn und Nachfolger Alexander I., der 1903 mit seiner morganatischen Gattin, Draga Mašin, von revoltierenden Offizieren barbarisch ermordet wurde, Peter I. Karadjordjević, der 1903 zum König von Serbien ausgerufen wurde, mit seinen Brüdern Arsène und George, das Großherzogpaar von Baden, den Kronprinzen von Rumänien, Fürst Ferdinand von Bulgarien, Prinzessin Clementine von Coburg, die Prinzen Philipp August und Leopold von Sachsen-Coburg, Fürst Wilhelm von Hohenzollern, Fürst und Fürstin von Schwarzburg-Rudolstadt, Fürst Johannes von und zu Liechtenstein und den lebenslustigen Erbprinzen Danilo von Montenegro.

Zu den prominentesten und regelmäßig wiederkehrenden Kurgästen zählte neben dem Großherzogpaar von Luxemburg auch das Königspaar von Rumänien. Carol I. war ein überaus großzügiger Gönner und Wohltäter Abbazias. Nachdem er sich einmal in den dichten Lorbeerwäldern über dem Ort verirrt hatte, ließ er auf seine Kosten mehrere Promenadenwege anlegen, die selbstverständlich seinen Namen erhielten: Seither »lustwandelte« man auf der »König-Carol-Promenade« und dem »König-Carol-Waldweg«. Seine Gemahlin Elisabeth, eine geborene Prinzessin zu Wied, war eine kleine zarte Frau mit freundlichem Gesicht, die als empfindungsreiche Dichterin unter dem Pseudonym Carmen Sylva zu ihrer Zeit sehr viel gelesene Lyrik schrieb. Mit ihrer Namensschwester, der Kaiserin Elisabeth, verstand sie sich überraschend gut, allerdings waren sie nicht immer gleicher Meinung, wie etwa in der Wertschätzung Heinrich Heines. Der Biograph der Kaiserin, Egon Caesar Conte Corti, schrieb: »Beide Frauen interessieren sich füreinander und haben sichtlich das Bestreben, sich gegenseitig zu studieren. Dabei zeigen sich

*Wilhelm, Herzog von Luxemburg, oftmaliger Kurgast in Abbazia. Hier in der Uniform des Oberstinhabers des k. u. k. Infanterieregiments Nr. 15, Tarnopol.*

Gegensätze.« Das Urteil der Kaiserin selbst lautete: »Carmen Sylva ist sehr lieb, unterhaltend, interessant... aber sie könnte mich nie verstehen, ich aber sie ja, ich liebe sie!« In Abbazia, wo Carmen Sylva oft stundenlang in Gedanken versunken aufs Meer hinauszublicken pflegte, entstand das

## MEERLIED

An den Strand da schlagen
Tausend Wellen,
Auf den Sand getragen
Und zerschellen.

Fremden Landes Klagen
Kommt in schnellen,
Kurzen Wandertagen
Zum Zerschellen.

45

*Carol I., König von Rumänien, Gönner und Wohltäter von Abbazia, in der Uniform des Oberstinhabers des k. u. k. Infanterieregiments Nr. 6 in Neusatz.*

Horch: einander Fragen
Sie sich stellen:
Nur den Sand erjagen,
Und zerschellen?

Unbekanntes wagen,
Um am hellen,
Grünen Land zu zagen,
Zu zerschellen?

Sturm und Glut ertragen
Und zerschellen? –
So einander klagen
Leis' die Wellen.

Ebenso großzügig und beliebt waren König Oscar II. und Königin Sophie von Schweden, die 1904 für längere Zeit nach Abbazia kamen. Sie stiegen in der fashionablen Villa Jeanette – heute eine eher einfache Dependance des Hotels Dubrovnik – ab und empfingen dort auch den Besuch Kaiser Franz Josephs. Mit finanzieller Hilfe des Königspaares wurde die evangelische Christuskirche erbaut und in seiner Anwesenheit eingeweiht. Die kostbare Bibel spendete die Großherzogin von Oldenburg. Um diese Zeit nahmen die Gäste aus dem protestantischen Norden bereits den dritten Platz in der Kurliste ein.

Etwas jüngeren Datums ist die Kirche »Zur Verkündigung Mariä«, deren grün-schimmernde Kuppel zu einem Wahrzeichen Abbazias geworden ist. Der Fürst-erzbischof von Wien, Kardinal Dr. Franz Nagl, hat 1906 ihren Grundstein gelegt. Mit dem Kurort verbanden ihn von früher her viele angenehme Erinnerungen, war er doch vor seiner Ernennung zum Wiener Oberhirten Bischof von Triest und Capo d'Istria. Die große Hallenkirche ist bis in unsere Tage unfertig geblieben. 1914 wurde ihr Bau unterbrochen und erst 1927 von den Italienern weitergeführt, die Kuppel aufgebaut und die prächtigen Kirchenfenster aus der »Innsbrucker Glasmalerei- und Mosaikanstalt«, welche von adeligen Damen, darunter die Gräfinnen Carlotta Boos-Waldeck und Anna Harrach, gestiftet worden waren, eingesetzt. (Derzeit fehlen noch immer die geplanten Fresken, die Mosaikarbeiten an den Wänden und eine Orgel, vor allem aber die dringend notwendige Plafonddecke über dem Mit-

telschiff.) Ohne diese Decke bläst die Bora so heftig durch das Ziegeldach in das Gotteshaus, daß im Winter keine Messen gelesen werden können.

In der Villa Angiolina, die derzeit das Fremdenverkehrsbüro von Opatija und die Lesehalle beherbergt, werden zwei wertvolle Bücher aufbewahrt: das »Goldene Buch« der Stadt, in feines weißes Leder gebunden, und das Ehrenbuch des exklusiven »Adria Clubs«. In beiden Büchern findet man das fast lückenlose Personenverzeichnis der »Großen Welt von gestern«. Bemerkenswert sind die durchwegs schönen, leserlichen und teilweise sehr markanten Schriftzüge, mit denen sich die Prominenz verewigt hat. Die Liste reicht von Kaiser Franz Joseph I. und der damals schon verwitweten Kronprinzessin Stephanie (die sich 1891 als erste in das Goldene Buch eingetragen

hat) über Umberto di Savoia, den italienischen Thronfolger, Baron Gottfried Banfield, Maria-Theresien-Ritter und berühmtester k. u. k. Marineflieger, die Komponisten Franz Lehár und Emmerich Kálmán bis zu einem Fräulein Inge Grinberger aus Wien, der Miß Austria von 1930. Vergeblich sucht man hingegen die Unterschrift des russischen Dichters Anton Tschechow, der sich 1894 in Abbazia aufhielt und in der Novelle »Ariadne« seine gewonnenen Eindrücke festgehalten hat.

Was einen österreichisch-ungarischen Badeort aber erst zu einem richtigen »k. u. k. Kurort« machte, ihn also gewissermaßen im Ansehen den »Hoflieferanten« gleichsetzte, war der Besuch von Mitgliedern des kaiserlichen Hauses. Hätte es einen entsprechenden Titel gegeben, Abbazia hätte ihn zweifellos erhalten müssen. Be-

47

*Abbazia. Die „Villa Angiolina",*
*errichtet 1844 von dem*
*Patrizier der Stadt Fiume,*
*Iginio Ritter von Scarpa.*
*Aufnahme um 1905.*

reits im Herbst 1884, wenige Monate nach der Eröffnung des Hotels Quarnero, kam als erster Habsburger der Feldmarschall Erzherzog Albrecht zur Kur. Der Sieger von Custozza und wegen seiner Sittenstrenge namentlich bei den jungen Prinzen nicht allzusehr geschätzte Großcousin des Kaisers nahm für mehrere Wochen Aufenthalt, um einen hartnäckigen Katarrh auszukurieren.

1885 zog als erster Gast Erzherzog Carl Stephan in das neuerbaute Hotel »Kronprinzessin Stephanie« ein; im gleichen Jahr erschien »einem Glück verheißenden Doppelgestirn vergleichbar« (so die Lokalpresse zur Begrüßung) das Kronprinzenpaar und bezog die Villa Angiolina. Rudolf und Stephanie fühlten sich unter der wärmenden Adriasonne überaus wohl. Insbesondere für die Kronprinzessin wurde Abbazia zum Lieblings-

aufenthalt und blieb es auch nach dem Tode ihres Gatten und ihrer Wiederverehelichung mit dem ungarischen Grafen Elemér Lónyay. Aber auch Rudolf, dessen Gesundheitszustand in seinen letzten Lebensjahren immer schlechter wurde, hatte in der kalten Jahreszeit immer mehr das Bedürfnis nach Sonne und Wärme und reiste so oft es ging an die Küste. 1887 lud das Kronprinzenpaar den steirischen Dichter Peter Rosegger zu einem Déjeuner und einer privaten Mundartlesung in die Villa Angiolina ein. Rosegger hat darüber in der von ihm herausgegebenen Zeitschrift »Heimgarten« ausführlich berichtet:

»Im Nachwinter dieses Jahres war's, daß ich eingeladen wurde, in dem neuaufstrebenden Curort Abbazia eine Vorlesung zu halten. Von meiner großen Reise durch Deutschland noch erschöpft, verschob sich die Annahme der Einladung; endlich wurde die Vorlesung festgesetzt für den ersten April. Einen Tag vor meiner Abreise nach Abbazia erhielt ich vom Comité des Vortrags-Abends eine Depesche, es würde meine Vorlesung in steirischer Mundart höchstwahrscheinlich auch das dort weilende hohe Kronprinzenpaar besuchen, demnach werde ein recht lustiges Programm gewünscht, nur solle ich auf speziellen hohen Wunsch das eine ernste Stück lesen: ›Wia da Woldseppel gstorben is'‹... Als ich am Tage des Vortrages nach Abbazia kam, fand ich das Comité in einer gewissen Aufregung. Das kronprinzliche Paar wurde erwartet und hatte sein Erscheinen um halb neun Uhr abends in Aussicht gestellt... Um acht Uhr saß

ich in meinem Zimmer, um das Vortrags-
manuskript in Ordnung zu stellen und
auch den Anzug. Weiße Cravatten mißfallen mir nicht so kurzweg, ich band heute
also eine um; Fräcke aber mißfallen mir
kurzweg, daher zog ich keinen an. Um
Acht ein Viertel Uhr stürzte der Arrangeur
atemlos die Treppe herauf und in meine
Stube: Um Gotteswillen! Schnell kommen! Die Kronprinzessin sei schon da!...
Der Kronprinz sei von der Jagd noch nicht
zurückgekehrt.

So packte ich meine sieben Sachen zusammen, wobei ich natürlich auf dem Tische
das schönste Paar Glacéhandschuhe vergaß, und stieg hinab in den großen Saal
des Hotel Stephanie... Mitten in der
ersten Sitzreihe, gerade meinem Tische
gegenüber, saß die Kronprinzessin... Sie
war in einfachem weißen Kleide, das
frisch blühende Angesicht überaus sym-
pathisch, schalkhaft freundlich das veil-
chenblaue Auge, schlicht gekraust das
blonde Haar. Die Bilder, die im Umlauf
sind, geben bei weitem keine Vorstellung
von dem hohen Liebreiz, der in unserer
Kronprinzessin verkörpert ist.

Ich las außer den ernster angelegten Stük-
ken ›Der Ehestreit‹ und ›Wia da Woldseppel gstorben is'‹ Schwänke und Schnur-
ren, natürlich nur solche zahmerer Gat-
tung... Zum Schlusse der Vorlesung verließ ich rasch das Podium, um in mein
Versteck zu gelangen. War im Gedränge
noch nicht sehr weit gekommen, als man
mich festhielt. Ich werde von einer Hofda-
me verfolgt – hieß es – und diese habe den
Auftrag, mich lebendig oder tot zur Kronprinzessin zu bringen... Bald stand ich

dort und die hohe Frau, zu der mittel-
große Männer buchstäblich emporblik-
ken müssen, fragte mich nach einigen
schmeichelhaften Eingangsworten... ob
ich denn nicht noch einen Tag in Abbazia
bleiben wolle, um bei ihr Mittags zwölf
Uhr das Déjeuner einzunehmen und dem
Kronprinzen etwas vorzulesen, der be-
daure, heute nicht erschienen sein zu
können... Nun, ich war eingeladen und
die Sache war abgemacht... Punkt zwölf
Uhr trat ich in das Tor der Villa Angiolina. Draußen hatten sich Leute postiert,
die mir gewiß mit verschiedenen Gefühlen
nachblickten. Zwischen den Lakaien
glücklich hineingewalkt, stand ich im
Empfangszimmer und wurde mit den
üblichen Zeremonien den beiden Hofdamen,
dem Obersthofmeister, dem Adjutanten des Kronprinzen und dem Haus-
arzte vorgestellt. Sonst war niemand da,
und die Anwesenden waren so einfach
angetan, daß mein antifrackisches Herz
aufatmete. Das Zimmer war dunkel und
golddurchwirkt tapeziert, die Garnitur
mattrot. Das Speisezimmer, durch welches der Weg gegangen, war mit Marmor-
säulen an den Wänden und mit den
Bildnissen des Kaiser- und des Kronprin-
zenpaares geschmückt. Bald ging die

*Abbazia. Strandpromenade.*
*Um 1912.*

von allen Menschen fern und doch vor den Augen leuchtende Nebelgestalten sieht, die man nicht fassen kann. Dieses Gefühl wurde bald zerstreut. Die Gesellschaft geriet so gemütlich ins Plaudern, die Kronprinzessin wußte jedem aufgeworfenen Gespräch die anmutigsten Seiten abzugewinnen; der Kronprinz, anfangs etwas wortkarg, warf geistreiche und heitere Bemerkungen dazwischen. Das Gespräch drehte sich um die Marine, um Reisen, um naturgeschichtliche Gegenstände aus der Tierwelt, um Volkstümliches aus den Alpen, um Lieder und Dialekte... Mittlerweile sprachen wir tapfer der Gottesgabe zu, wobei ich so leise und behutsam als möglich arbeitete, um von der nicht laut geführten Unterhaltung und an mich gerichtete Bemerkungen und Fragen kein Wörtchen zu überhören... Nach einem Weilchen, als im Kreise eine gewisse Ruhe und Erwartung eingetreten war, kam der Kronprinz mit einer scheinbar fast befangenen Miene an mich heran und ersuchte, daß ich denn etwas lesen möchte. Ich fragte, ob in Bezug auf die Auswahl des Stückes ein besonderer Wunsch vorwalte... Aber die Kronprinzessin rief dazwischen, es sei ganz nach meinem Belieben, womit ich sie erfreuen wolle. Ich wählte ein heiteres Stück ohne aufdringliche Possenhaftigkeit, ein Stück, in welchem Bauernwitz und Schlauheit mit einer gewissen Lebensweisheit verkörpert ist und welches auch einigermaßen zu einem dramatischen Vortrag Anlaß gibt. Ich las den ›Bruggerwirt sein letztn Willn‹. Die männlichen Zuhörer blieben dabei äußerst ruhig,

Doppeltür auf und Arm in Arm trat das Kronprinzenpaar ein... Das Paar schritt direkt auf mich zu, beide reichten mir die Hand und der Kronprinz begrüßte mich mit einigen in sehr herzlichem Tone gesprochenen Worten.

Dann zu Tische, zu welchem das hohe Paar vorausschritt. Unterwegs flüsterte mir der Obersthofmeister zu, daß ich zur Rechten der Frau Kronprinzessin sitzen werde. So saß ich dann dort, am mäßig großen, länglichrunden Familientisch, und gegenüber Kronprinz Rudolf... Eine recht unbehagliche Befangenheit kam über mich, eine Art von Bangnis, wie man sie hat, wenn man in der Einsamkeit ist,

50

während die Damen mehrmals ein recht munteres Lächeln vernehmen ließen. Nach dem Vortrag bewegte sich die Unterhaltung zeitweise animiert, zeitweise stockend weiter... Nach einer zweistündigen Unterhaltung wurde der Cercle aufgehoben; der Kronprinz und die Kronprinzessin dankten mir in einer so liebenswürdigen Weise für mein Lesen, daß ich fast erdrückt war; beide reichten mir nochmals die Hand und schritten, Arm in Arm, wie sie gekommen, durch die Flügeltür.«

Anlaß zu einigem Prominententratsch gab die angebliche Liaison des Kronprinzen mit der Gattin des Generaldirektors der ungarischen Schiffahrtsgesellschaft »Adria« Emil Kuranda. Die Kuranda lebten in Fiume, und Rudolf, der großes Interesse an der ungarischen Handelsflotte zeigte, verkehrte in ihrem Haus. Annie Kuranda, geborene Frankfurter, übrigens die Schwester des Generaldirektors des Österreichischen Lloyds in Triest, Albert Frankfurter, war »eine ungewöhnliche Schönheit und dazu eine Frau von Geist«, wie der Historiker Heinrich Benedikt schreibt. Antisemitische Beobachter ereiferten sich besonders über das »mit lächelndem Zynismus öffentlich zur Schau gestellte intime Verhältnis zu einer Vollblutjüdin«, doch dürfte die Affäre in Wirklichkeit über Gebühr aufgebauscht worden sein. Rudolf bestritt jedenfalls in einem Brief vom März 1888 an seinen Oberthofmeister Graf Bombelles energisch, mit Madame Kuranda einen Fehltritt begangen zu haben. Außerdem: »Sowohl Stephanie als auch Isabelle [die

*Abbazia. Fischerhafen.
Um 1900.*

Gattin des Erzherzogs Friedrich] wissen jeden Schritt, den wir damals mit den Kurandas gemacht haben und lachten uns viel aus über unsere Judenbekanntschaften.«

Kurz vor seinem Tode traf Rudolf in Abbazia mit Erzherzog Johann Salvator, dem rebellischen Sohn des letzten Großherzogs von Toskana, zusammen. »Gianni« war wegen seiner harten Kritik an der Armee bei Hof in Ungnade gefallen. Im Jahr der Tragödie von Mayerling verließ er als Johann Orth, wie er sich nach seinem Schloß bei Gmunden nannte, die Heimat und nahm mit seinem Segelschiff »Santa Margherita« Kurs auf Süd-

*Abbazia. Slatina-Strand.*
*Um 1910.*

amerika. Im Juli 1890 geriet das Schiff bei Kap Horn in einen Sturm und versank. Johann Orth und seine bürgerliche Gattin, Milli Stubel, blieben verschollen.

Auch die Familie der Kronprinzessin trug ein wenig zur Chronique scandaleuse von Abbazia bei. Stephanies schöne, leichtsinnige Schwester Louise, die Gemahlin des Prinzen Philipp Coburg, war von einer heftigen Leidenschaft zu dem eleganten Ulanenoffizier Géza von Mattachich-Keglevich, einem Kroaten, erfaßt worden. Das Verhältnis, das sich während eines Aufenthaltes in Abbazia bei der bereits verwitweten Stephanie erst so richtig entwickelte, wurde durch den tratschsüchtigen Erzherzog Ludwig Viktor, den jüngsten Bruder des Kaisers, der der Prinzessin ebenfalls (allerdings ohne Erfolg) den Hof machte, in Wien bekannt. Der Kaiser griff energisch durch, und Louise Coburg wurde – nach durchgeführter Ehescheidung und außerdem wegen einer aufgeflogenen Wechselfälschung – für einige Zeit in der Nervenheilanstalt in der Obersteinergasse in Wien-Döbling untergebracht. Mattachich-Keglevich, dem man die Hauptschuld an der Wechselaffäre zuschob, verschwand unter Verlust seines Adelstitels und seiner Charge für mehrere Jahre in der Militärstrafanstalt Möllersdorf bei Baden bei Wien.

Im Frühjahr 1894 erwartete Abbazia Österreichs allerhöchsten Besuch. Gewaltige Vorbereitungen wurden zum Empfang Seiner Majestät getroffen, umso mehr, als sich auch die deutsche Herrscherfamilie angesagt hatte. Für den Kurort war die Anwesenheit von zwei der mächtigsten Monarchen eine Angelegenheit von ungeheurem Prestige. Am 13. März kam als erste die Kaiserin Auguste Viktoria mit ihrer Kinderschar im Hof-Separatzug an und bezog die Villa Amalia. Die Begrüßungszeremonie überbot alles bisher Dagewesene: Beim Eintreffen der hohen Frau leistete das tags zuvor in der Bucht von Abbazia vor Anker gegangene deutsche Schiffsjungen-Schulschiff »Moltke« den Geschützsalut. Eine Woche später folgte, von Fiume mit der Yacht »Christabel« kommend, Kaiser Wilhelm II.

Am 29. März schließlich traf Kaiser Franz Joseph ein. Es war sein erster Besuch Abbazias. Er hatte aus Wien das sprichwörtlich gute »Kaiserwetter« mitgebracht, was die feierlich-freudige Stimmung der angetretenen Honoratioren noch erhöhte. Wie der große Tag und die Entrevue der beiden Monarchen verliefen, erfahren wir – sozusagen aus erster Hand – aus einem Brief, den Franz Joseph an Kaiserin Elisabeth schrieb, die sich zu dieser Zeit in Cap Martin an der französischen Riviera aufhielt:

Wien, den 31. März 1894

Édes, szeretett lelkem [meine süße, geliebte Seele]

... um 5 Uhr aß ich allein und um 7 Uhr reiste ich mit Paar, Lónyay und Buttlar vom Südbahnhofe ab. Ich schlief passable im Waggon und Vorgestern um 9 Uhr Früh kamen wir beim schönsten Sonnenscheine, reinem Himmel, blauem Meere und warmer, kräftiger Luft in der Station Mattuglie an, wo mich Kaiser Wilhelm mit Suite erwartete und mich zu Wagen über Volosca nach Abbazia hinunter in mein Absteigequartier im Hotel Stéphanie begleitete, Fahrdauer über eine halbe Stunde. Überall waren alle Häuser beflaggt und geschmückt und eine Menge Menschen längst des Weges, der Empfang war ein überaus herzlicher und lärmender. Beim Hotel warteten Joseph und Spitzen der Behörden, die ich, nachdem der Kaiser sich entfernt hatte, einzeln empfing. Dann fuhr ich zur Kaiserin, die mich, umgeben von den 7 Kindern und den zahlreichen Suiten erwartete. Sie war aimable und natürlich, wie immer, ist älter geworden und viel magerer. Du wärst fast zufrieden gewesen... Ich fuhr später nach Volosca zur alten Großherzo-

*Besuch Kaiser Franz Josephs I. bei König Oscar und Königin Sophie von Schweden in der „Villa Jeanette".*
*1904.*

gin von Toscana, der es sehr gut geht und in das vom weißen Kreuz gestiftete Militär Kurhaus... Wir machten nach dem Déjeuner eine Seefahrt längst der Küste und im Golfe auf der vom Kaiser gemietheten Yacht, wobei die Suiten uns begleiteten und fuhren dann mit Booten auf das vor Abbazia geankerte deutsche Jungen Schulschiff Moltke, wo ein Thee für die ganze noblere Gesellschaft von Abbazia, fast nur Ungarn, arrangiert war. Zuerst besichtigte ich die Front der en parade gestellten Equipage, fast nur Schiffsjungen, die vortrefflich aussahen und dann waren Vorstellungen und langes Gespräch... Um 6 Uhr wurde bei Wellenschlag ans Land gerudert und um $^3/_4$ auf 7 Uhr war Diner bei den Majestäten mit Suiten, worauf ich, vom Kaiser begleitet, nach Mattuglie fuhr. Wieder eine Menge Menschen, Geschrei und glänzende Beleuchtung der Häuser. Vor 9 Uhr verließ mein Train Mattuglie, ich schlief recht schlecht, fand in Bruck einen Kurier mit Arbeiten, mit denen ich mich fast bis Wien beschäftigte und war Gestern um 10 Uhr Früh hier in der Burg, noch immer beim schönsten, entsetzlich trockenem Wetter... Dich in Liebe von ganzem Herzen umarmend, Dein

Kl[einer]

Der Eindruck, den der Kaiser von Abbazia gewonnen hatte, war nicht der beste. Er hat sich jedenfalls in diesem Sinne seiner Begleitung gegenüber geäußert. Möglich, daß der Unterschied zu der Eleganz von Mentone, wo er kurz vorher seine Gemahlin besucht hatte, doch zu auffällig war, es kann aber auch sein, daß die Gespräche mit dem deutschen Kaiser, die er als »mühsam« empfand, keine heitere Stimmung aufkommen ließen. Anders der Thronfolger, Erzherzog Franz Ferdinand, der Abbazia trotz seiner Vorliebe für die Adria und die Küste tatsächlich nicht mochte und es sogar einmal als ein »ekelhaftes Judenaquarium, eingekeilt zwischen Slawen und Irredentisten«, bezeichnete.

In das Blickfeld der hohen Politik geriet Abbazia im Jahre 1904. Am 9. April trafen hier der italienische Außenminister Tommaso Tittoni und sein österreichisch-ungarischer Kollege Graf Agenor Gołuchowski zu einer längeren Unterredung zusammen, die dazu diente, die Beziehungen der beiden Länder zu verbessern, Mißverständnisse aufzuklären und insbesondere die Befürchtungen Italiens zu zerstreuen, die Monarchie bereite einen Präventivkrieg vor, um mit seinem südlichen Nachbarn abzurechnen. Es war die erste offizielle Begegnung der beiden Staatsmänner, und sie verlief in günstiger Weise. »Man könne in Italien, was unsere Absichten anbelangt, vollkommen beruhigt sein. Kein ernstzunehmender Politiker denke daran, Italien meuchlings zu überfallen«, bestätigte kurz nach der Abbazianer Zusammenkunft der österreichisch-ungarische Botschafter in Rom, Heinrich Graf von Lützow. Allerdings saß zur gleichen Zeit in Innsbruck als Kommandant einer Infanteriedivision der Feldmarschalleutnant Franz Conrad von Hötzendorf, der schon zwei Jahre später als Generalstabschef ein unentwegter Verfechter eines Präventivfeldzuges gegen den unsicheren Bundesgenossen war...

1904 war überhaupt das große Jahr der Besuche. Kaiser Franz Joseph kam zum zweitenmal, diesmal, um mit König Oscar und Königin Sophie von Schweden zusammenzutreffen.

Ferner trafen ein: Erzherzogin Maria Josepha, die Mutter des letzten Kaisers, Karls I., der General-Artillerieinspektor Erzherzog Leopold Salvator und der wegen seiner liberalen Gesinnung und seines schlicht-bürgerlichen Auftretens ungemein beliebte Erzherzog Rainer, allgemein »Herr von Rainer« genannt.

Auch Erzherzog Carl Stephan, der auf der Insel Lussin eine Villa besaß, kam alljährlich zur Saison herüber auf das Festland. Unter seinem Protektorat fanden die »In-ternationalen Sportwochen« statt. Den Auftakt machte stets eine Automobilsternfahrt, bei der die Motorsportler, zieht man die technischen Voraussetzungen in Betracht, enorme Leistungen zuwege brachten. Ein »Concours d'Elegance« schloß sich an. »Der Clou der ›Woche‹ aber«, berichtet uns ein informierter Zeitgenosse, »waren die vom Motor-Jachtclub von Österreich und dem k. u. k. Jachtgeschwader veranstalteten internationalen Motorbootwettfahrten, an de-

*Automobilsternfahrt 1913. Auffahrt der Teilnehmer vor dem Café Bellevue in Abbazia. Fotomontage.*

55

*Aus: Ein Führer für Kurgäste. Abbazia 1913.*

nen sich zahlreiche Boote, darunter auch welche aus dem Deutschen Reich, beteiligten. Diese Wettfahrten, ein sportliches Ereignis ersten Ranges, spielten sich innerhalb des denkbar prächtigsten Rahmens ab, den die Natur selbst lieferte, und boten den zahlreichen Zuschauern ein herrliches Bild. In der Nähe des Startschiffes hatten sich die Jacht ›Ul‹ des Erzherzogs Carl Stephan und die Jacht ›Lacroma‹ des Marinekommandanten Grafen Montecuccoli aufgestellt; in größerer Entfernung lagen in weitem Umkreis vier mächtige Kriegsschiffe und gaben der ganzen Veranstaltung ein eigenartiges Relief. Von früh bis in den späten Nachmittag eilten Motorboote verschiedener Klassen und Typen im Wettkampfe über die ihnen vorgeschriebenen Bahnen; dazwischen knatterten kampfbereit die schnellen Renn- und Gleitboote und flogen über die glatte Meeresfläche. Im Hafen aber, auf dem Molo und der Kurparkterrasse herrschte ein fröhlichbeweg-

tes gesellschaftliches Treiben.« Im Rahmen der Sportwochen fanden auch Fechtturniere und Pistolenschießkonkurrenzen statt, an denen sich sogar couragierte Damen beteiligen konnten.

Obwohl der Luft- und Seebadeort Abbazia weniger dem Pläsier, sondern dem Kurgebrauch dienen sollte, wurde selbstverständlich für den angenehmen Zeitvertreib des zahlungskräftigen Publikums bestens vorgesorgt. Das war wohl notwendig, denn der Lebensstil der gehobenen Schichten war ja von einer relativen Langeweile geprägt. Die notwendigen, aber unliebsamen Dinge des Alltags besorgte das Dienstpersonal, also blieb für Unterhaltung genügend Zeit. Das war in den Ferien ebenso wie daheim.

Ein Wegweiser durch die Veranstaltungsprogramme sind die alten Bände der Cur-Zeitung. Der Adria-Club »zur Förderung des geselligen Verkehrs der Kurgäste«, der seine Mitglieder mittels »Ballottage« aufnahm, organisierte Wettschwimmen im Bagno Slatina (Slatina-Bad), Ruderregatten, Tennisturniere, Bälle und Reunionen, Konzerte, Varietéabende, Tombolas und Schönheitskonkurrenzen, Blumen- und Konfettischlachten, Park- und Wasserfeste. Unter dem Ehrenschutz des Statthalters des Küstenlandes, Prinz zu Hohenlohe-Schillingsfürst, fand alljährlich ein Frühlingskorso statt. Es war das schönste Fest der Saison mit einer grandiosen Ausstattung. Die Hauptstraße wurde zur »via triumphalis«: Die Hotels und Villen legten Flaggengala an, alle Fenster trugen Blumenschmuck, und über die Straße waren in kurzer Distanz Schnüre mit bunten Fahnen gespannt. Zu beiden Seiten der Fahrbahn standen dichtgedrängt Hunderte von staunenden Zuschauern, Applaus rauschte auf, wenn ein dekorierter Wagen oder die hübschen Insassinnen besonders gut gefielen. Man sah Gespanne über und über mit Sonnenblumen, Rosen, Veilchen und Magnolienblüten geschmückt, Bauernwagen, und die Damen in Kostümen als Meeresgöttinnen, Rosenjungfrauen, Zigeunerinnen oder Osterhasen. Die beiden bildschönen Töchter des Herrn Statthalters wurden am meisten akklamiert. Vor dem Hotel Stephanie fand als Abschluß und Höhepunkt die Preisverteilung an die schönsten Wagen und die originellsten Kostüme statt.

Über Initiative des »Casino des Étrangers« wurde ein Tontaubenschießstand errichtet; auf Steinhühner konnte man in den Lorbeerwäldern und Olivenhainen der Umgebung jagen. Sportliche Höchstleistungen verlangten die 1901 durchgeführten Langstreckenläufe Triest–Abbazia und Laibach–Abbazia. Großes Interesse erweckten auch die während Eskaderübungen der k. u. k. Kriegsmarine auf der Reede von Abbazia liegenden Schlachtschiffe, »deren Besichtigung dem Kurpublikum stets in zuvorkommendster Weise gestattet wurde«.

Für die regelmäßigen musikalischen Darbietungen – auch das war für einen Kurort unerläßlich – sorgte die Kurkapelle, vor 1914 geleitet von Musikdirektor Fritz Recktenwald. (Manche Leser werden sich an diesen Namen noch erinnern. Recktenwald gehörte in der Zwischenkriegszeit

*Flugvorführung des russischen Aviatikers Slaworossoff in Abbazia im September 1912.*

neben den Kapellmeistern Silving, Gangelberger und Holzer zu den festen Stützen der RAVAG.)

Das Programm der Kurkonzerte unterschied sich nicht wesentlich von dem anderer österreichischer Kurorte. Man spielte Walzer von Strauß bis Waldteufel, Opernquerschnitte, Paul Linkes »Glühwürmchenidyll«, das ebensowenig fehlen durfte wie die beliebte »Mühle im Schwarzwald«, und zu Ehren der Kronprinzessin-Witwe die »Stephanie-Gavotte« von Alfons Czibulka und die beiden »Stephanie-Polkas« von Carl Michael Ziehrer und Philipp Fahrbach jun.

Wiener Musik – allerdings mehr im privaten Kreis – hörte man in der Pension »Antoniushof«, welche dem bekannten Komponisten, Straußbearbeiter und Kapellmeister des Vergnügungsparkes »Venedig in Wien«, Ernst Reiterer, gehörte und ein beliebter Urlaubstreffpunkt der Wiener Bühnenkünstler war. Wer den Zauber der Montur liebte, fand sich nach-

57

mittags im Kurpark ein, wo die erstklassige Regimentskapelle der »Siebenundneunziger«, des küstenländisch-krainischen Infanterieregiments, mit ihren rosaroten Aufschlägen konzertierte – »ein im hohen Grade demokratischer Kunstgenuß«, weil jedermann ohne Eintrittskarte und besondere Toilette teilnehmen darf, wie der Musikkritiker Eduard Hanslick treffend feststellte.

Welche Möglichkeiten, die Zeit angenehm zu verbringen, bot Abbazia noch? Am besten, man ging ins Ausflugsbüro, ließ sich die reichbebilderte Broschüre mit Wander- und Ausflugsvorschlägen geben und traf je nach Geschmack und Laune seine Wahl.

Man stieg entweder nach Veprinaz auf, dem Dorf hoch über der Adria mit dem weithin sichtbaren Kirchturm, wo die Reste ehemaliger Ortsbefestigungen und schöne alte Bürgerhäuser zu besichtigen waren, oder (wenn die Sonne nicht zu sehr brannte) noch höher hinauf zum Kronprinzessin-Stephanie-Schutzhaus und zum höchstgelegenen Dorf Istriens, Vela-Učka, 995 Meter über dem Meer, mit dem »Kaiser-Joseph-Brunnen«, wo sich Seine kaiserliche Majestät einmal nach beschwerlichem Aufstieg gelabt haben soll. Auch eine Wanderung nach dem mittelalterlichen Castua war empfehlenswert, wo einem die kuriose Geschichte von dem eifersüchtigen Grafen von Görz (dem Besitzer der Herrschaft Castua) erzählt wurde, der die eheliche Treue seiner Gemahlin auf recht sonderbare Weise geprüft haben soll: Des Nachts flößte er seinen kleinen schlafenden Söhnen Wein ein.

Fingen die Sprößlinge zu schreien an und spuckten den Wein aus, beschimpfte er seine Frau und nannte sie eine Ehebrecherin, weil Kinder, die vom Wein nichts wissen wollen, unmöglich von ihm stammen können. Die Castuaner waren allesamt sehr trinkfreudig und erwarteten das nämliche auch von ihren Nachkommen. Entlang des Strandes gab es Wandermöglichkeiten nach dem benachbarten Volosca, dem malerischen Fischerstädtchen mit den ineinandergeschachtelten Häusern, das sich gerne als das »österreichische Portofino« bezeichnete. In den vielen kleinen Kneipen konnte man nach Herzenslust die istrianische Speisekarte hinauf und hinunter ausprobieren. Die ungarischen Spaziergänger verharrten einen Augenblick schweigend vor der Villa Cernikovica, wo am 18. Februar 1899 ihr großer Landsmann, der Außenminister Graf Gyula Andrássy, der »Vater« des österreichisch-ungarischen Ausgleichs von 1867, nach schwerem Leiden verstorben war. Als er zwei Monate vor seinem Tode voll Hoffnung auf eine Besserung seiner Krankheit an die sonnige Küste fuhr, sagte er noch scherzhaft zu seiner Begleitung: »Ich gehe gerne, denn im Winter, wenn sich vor meinem Blick die gefrorene und schneebedeckte Donau ausdehnt, fühle ich mich wie eine Flasche Champagner zum Frappieren ins Eis gesteckt.«

In Preluka wiederum bestaunte man am Ufer die hohen, schräg zum Meer aufgestellten Leitern, auf denen Wächter die Fischzüge scharf beobachten und, sobald sie einen Thunfischschwarm erspähen, die Fischer verständigen, welche sogleich mit ihren Booten auslaufen und den Thunfischen den Weg abschneiden. Diese eigentümliche Art des Fischfanges wurde schon vor urdenklichen Zeiten von den Benediktinermönchen der Abtei des heiligen Jakob eingeführt und hat sich bis in unsere Tage bewährt und erhalten.

Von Abbazia in südlicher Richtung ging man am Strandweg zur Bucht von Ika und zur Medvea-Schlucht.

Weitere Ausflüge nach Moschienizze und Berschez, den beiden Bergstädtchen, die auf einem Felsen hoch über der Adria kleben, machte man besser per Wagen. Gab es einmal Schlechtwetter, fuhr man nach Fiume, sah sich in der Altstadt um oder besuchte die Wallfahrtskirche »Zur Heiligen Maria«, die ihre Entstehung einer frommen Legende verdankt: 1291 trugen Engel das Haus der Jungfrau Maria von Nazareth hoch durch die Lüfte hierher und stellten es neben das alte römische Kastell Tarsatica. Drei Jahre später holten die Engel das Haus wieder ab und flogen mit ihm weiter über die Adria nach Loreto bei Ancona in Mittelitalien, wo die »Casa Santa« noch heute steht.

In der Veitskirche erfuhr man die schauerliche Geschichte des unglückseligen Peter Lončarič, die sich 1296 zugetragen haben soll. Besagter Peter Lončarič spielte auf dem Kirchenvorplatz mit Freunden Karten. Als er im Spiel verlor, warf er voll Wut einen Stein auf das Kruzifix, das zur öffentlichen Verehrung aufgestellt war. Zum Entsetzen der Anwesenden floß sogleich aus der Statue Blut wie aus einem

für PIANOFORTE von
KARL KOMZÁK.

Pr. 45 kr.
80 Pf.

Eigenthum des Verlegers für alle Länder
Mit Vorbehalt aller wie immer gearbeiteten Arrangements.

Wien, V. Kratochwill
Musik-Verlag

Deposé à Paris.            Ent. Sta. Hall. Lenden.

Leipzig, Rob. Forberg.
Paris, H. Nuyens & Cⁱᵉ

*Aus dem „Badener Bezirks-Blatt",
2. April 1891.*

**Eine Katastrophe in Abbazia.** Am 27. März unternahmen die Gräfin Anna Fries mit ihrem Sohne und Graf Arthur Kesselstatt bei stark bewegter See mit einem Ruderboote eine Spazierfahrt. Das Boot kippte in Folge einer großen Sturzwelle um. Graf Fries und zwei Bootsführer wurden gerettet, während Gräfin Fries todt an's Land gebracht wurde. Graf Kesselstadt wurde nicht mehr aufgefunden.

lebendigen Leib, und unter dem Frevler öffnete sich die Erde und verschlang ihn. Nur die Hand, mit der er den Stein geworfen hatte, ragte aus der Erde heraus. Der damalige Gouverneur von Fiume, Baron Rauber, ließ die Hand öffentlich verbrennen und eine Hand aus Eisen auf dem Postament neben dem Kruzifix anbringen.

Zum festen Abbazianer Kurprogramm gehörte auch der tägliche Corso zwischen dem Hotel Stephanie und dem Slatina-Bad. Hier hörte man neben Deutsch und Französisch alle slawischen Sprachen und Ungarisch, man sah bekannte Gesichter, bewunderte die »superben Damen«, die zum Schutze ihres makellosen Teints die Sonnenschirme aufgespannt hatten, man betrieb Konversation und kaufte den Blumenfrauen Sträußchen mit duftenden Parmaveilchen ab. Die Herren trugen weiße Anzüge, Panamahüte und verzierte Stöcke. Nur ein paar Schritte von der Promenade entfernt befand sich das Café Wagner, wo sie gegebenenfalls untertauchen konnten, um in Ruhe in den Zeitungen aus der ganzen Monarchie und aus dem Ausland zu blättern.

Selten nur fiel ein Schatten auf diese noble und scheinbar so sorglose Welt, aber es kam doch vor, wie zum Beispiel anläßlich des aufsehenerregenden Todes zweier Mitglieder der Gesellschaft, des deutschen Grafen Arthur Kesselstadt und der Gräfin Anna Fries, der Schloßherrin von Bad Vöslau. Bei einer gemeinsamen Bootsfahrt zu den Osterfeierlichkeiten in Volosca, am 27. März 1891, gerieten sie in einen plötzlich aufkommenden Sturm, stürzten ins Meer und ertranken. Ihre Leichen hat man nie gefunden. Nur der Sohn der Gräfin und die beiden Bootsführer konnten sich retten. Auf einem aus dem Meer ragenden Felsen, hundert Meter vom Strand entfernt, ließ die Familie Kesselstadt zum Gedenken an das tragische Unglück eine Marienstatue aufstellen. 1956 wurde die Steinplastik durch eine bronzene Nymphenfigur ersetzt. Die vom Meerwasser arg zerfressene Madonnenstatue erhielt unmittelbar neben der Kirche St. Jakob einen geschützten Platz.

25 Jahre nach seiner »Gründung« befand sich der Kurort Abbazia noch immer im Stadium stetiger Ausbreitung. Alljährlich entstanden neue Hotels, Pensionen, Privatvillen und Geschäftshäuser, die Grundstücksspekulation blühte, Areale, die man in den achtziger Jahren noch zu Spottpreisen erwerben konnte, waren unerschwinglich geworden. Die Kurverwaltung förderte die Entwicklung aus naheliegenden Gründen, jedoch nicht immer zum Vorteil des Ortes und des Ortsbildes. Eine alarmierende Situation sah der Österreichische Ingenieur- und Architektenverein in diesem »Bauboom«. 1908 verurteilte er in bösen Worten die planlose Bautätigkeit, »die man nicht anders als

eine wilde Verbauung, einen Raubbau, nennen könne«. Vor allem wurde das Versäumnis kritisiert, einen ordentlichen und allseits verbindlichen Bebauungsplan aufgestellt zu haben. »Als Abbazia in Mode kam, da suchte man nur auf jede Weise das steigende Wohnungsbedürfnis zu befriedigen. Wie es geschah, gut oder schlecht, die fernere Entwicklung behindernd oder nicht, das war gleichgültig. Der Baulustige erwarb einen Grund, meist nur eine der zu schmalen Parzellen, und baute drauf los, wie es ihm beliebte. Ob das Gebäude an eine südliche Meeresküste paßte, ob es sich dem Gesamtbilde einfügte, ob es dem Nachbar zu nahe kam und ihm die Meeresaussicht und das Sonnenlicht benahm, das war nicht Gegenstand der Erwägung... Als Gebäudetypen finden wir an der Riviera: das Ringstraßenhotel, die Zinskaserne, das Vorstadthaus, den Provinzpalast, die Villa im Gebirge, das Herrschaftsschloß im Park und in neuerster Zeit den Wolkenkratzer, bisher zum Glück mit fünf und sechs Geschossen sich begnügend... An Auswahl in allen Stilgattungen ist nicht Mangel; auch der Stil des Anker-Steinbaukastens ist recht beliebt...« Der Bericht schließt mit der kategorischen Forderung: »Wenn die Zukunft Abbazia's nicht gänzlich in Frage gestellt werden soll, so muß einer weiteren Verbauung in der bisherigen Weise energisch Halt geboten werden.«

Die Kritik war in mancher Hinsicht bestimmt nicht ganz unberechtigt, im großen und ganzen aber doch reichlich übertrieben, wie man sich heute noch

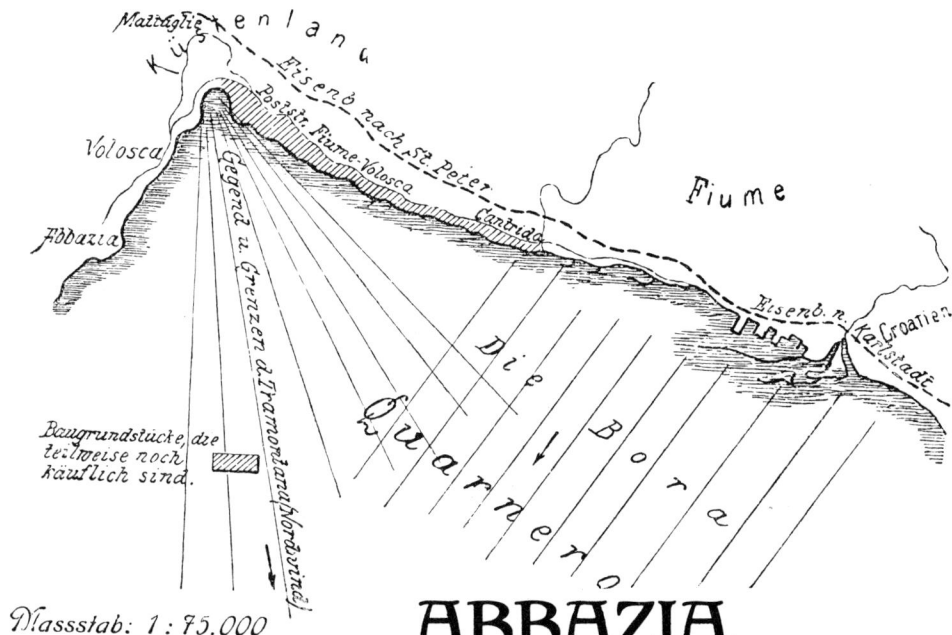

Massstab: 1:75.000

selbst überzeugen kann. Das Ortsbild hat sich seit jenen längst verflossenen Tagen bis auf einige Hotelneubauten nur wenig geändert und besitzt den durchaus freundlichen und noblen Charakter eines Vorkriegsbadeortes.

Daß es Parallelen mit anderen altösterreichischen Kurorten gab und gibt, ist richtig, aber keineswegs störend. So baute zum Beispiel der ungarische Arzt Dr. Victor Lakatos vor 1914 gleichzeitig in Baden bei Wien und in Abbazia Pensionen. Sie glichen einander vollkommen in Größe und Bauweise, offensichtlich waren sie von dem gleichen Architekten errichtet worden. (Dr. Lakatos wandelte später die beiden Pensionen – in Baden war es das heutige Hotel Esplanade – in Sanatorien mit eigenen Ärzteteams nach der Art der amerikanischen Mayoklinik um und unterhielt in Budapest, in der Vaci-Utca, sogar ein eigenes Fremden- und Buchungsbüro.)

Der Autor des oben erwähnten kritischen Artikels war der Wiener Architekt k. k. Baurat Eugen Faßbender. Strenge Objektivität konnte von ihm aus Gründen der Konkurrenz freilich nicht erwartet werden, denn er war der Repräsentant des benachbarten Badeortes Lovrana, welcher sich eben anschickte, in den Wettstreit mit Abbazia zu treten. Was Faßbender aber zweifellos zu Recht beanstandete, waren die üblen Verkehrsverhältnisse. Abbazia besaß damals nur eine einzige halbwegs brauchbare Fahrstraße (die von Fiume kommende Fianona-Reichsstraße), die schmal, überdies in einem elenden Zustand und durch Fuhrwerke ständig überlastet war. Amtshandlungen wegen »Schnalzens mit der Peitsche« und der Rücksichtslosigkeit der Kutscher waren an der Tagesordnung. Die ersten Automobile machten sich ebenfalls bereits unangenehm bemerkbar und hüllten Spaziergänger und Anrainer in undurchdringliche Staubwolken. Es schien also dringend geboten, hier Abhilfe zu schaffen, um die für einen Kurort unwürdige »Verkehrsmisere« zu beseitigen. Die Gemeinde forderte in zahllosen Eingaben eine zweite Ortsstraße und eine Straßenbahnverbindung von der hochgelegenen Südbahnstation Mattuglie nach Abbazia. Insbesondere die Straßenbahnverbindung stand im Mittelpunkt der allgemeinen Erörterung, und wahrscheinlich hat außer dem täglichen Gesellschaftstratsch die Abbazianer in diesen Jahren nichts so sehr interessiert wie die verschiedenen Tramwayprojekte. 1892 fanden die ersten Untersuchungen für eine Dampftramwaylinie mit Zahnradbetrieb von Mattuglie nach Volosca mit einer Verlängerung als elektrische Bahn bis Abbazia statt. Das Projekt stammte eigentümlicherweise von einem Schriftsteller aus Budapest namens Gustav Fuchs. Über ihn selbst und seine literarische Tätigkeit ist weiter nichts bekannt, aber er muß, zumindest auf dem Nebengebiet seiner Interessen, ein ideenreicher Mann gewesen sein. Er sagte nämlich, daß eine Straßenbahn allein keinen geschäftlichen Erfolg verbürge und man deshalb den Fahrgästen eine zusätzliche Unterhaltung bieten müsse. Er schlug vor, neben der Station Mattuglie ein Vergnügungsetablissement mit einem Café- und Restaurationsbetrieb, einen Musikpavillon und eine Aussichtswarte zu errichten. »Es ist wahrlich nicht hochgerechnet, wenn man annimmt, daß beiläufig die Hälfte der Gäste und Dienerschaft während ihres Aufenthaltes fünfmal von Abbazia nach Mattuglie auf- und abfahren werden«, meinte er in einer Eingabe an die Eisenbahnbehörde. Nicht so optimistisch zeigten sich die Geldgeber, und das Projekt verlief daher im Sand.

Den zweiten Anlauf unternahm die »Aktiengesellschaft Quarnero«, die in den neunziger Jahren zum Zwecke des Ausbaues von Lovrana gegründet worden war. Sie wollte 1896 eine normalspurige Dampfeisenbahn nach Abbazia bauen und von dort eine elektrische Kleinbahn nach Lovrana führen. Den Vorteil der Normalspurbahn sah die Gesellschaft in der direkten Einbeziehung der Riviera in das große Eisenbahnnetz und in der Möglichkeit, direkte Kurswagen von Wien, Berlin oder Paris nach Abbazia einzusetzen.

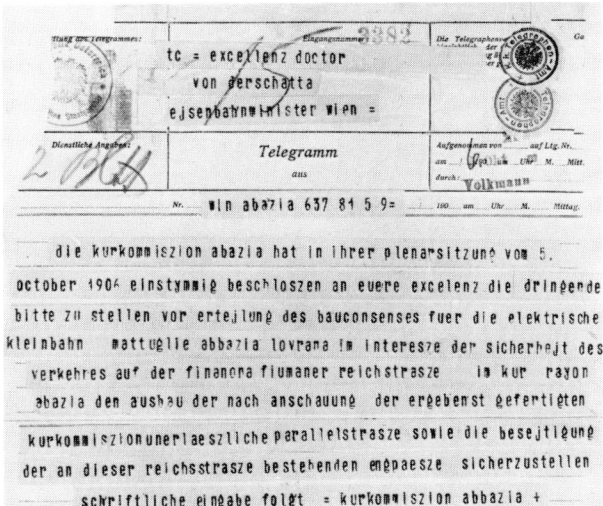

Auch dieses Projekt scheiterte, vor allem wegen des Einspruchs der Hoteliers, die befürchteten, der Rauch und der Lärm der Dampflokomotiven würden die Kurgäste zu stark belästigen.

1900 trat der bayrische Fürst Alfred Wrede, Präsident der Allgemeinen Credit-Vereinsbank, als Konzessionswerber für eine elektrische Kleinbahn von Mattuglie über Abbazia nach Lovrana auf. Sein technischer Berater war der Wiener Baumeister Jakob Ludwig Münz, der sein Büro in der Oppolzergasse hinter dem Burgtheater hatte. Wieder einmal liefen also die Fäden einer Abbazianer Unternehmung in Wien zusammen...

Die Gemeindeväter von Castua, Volosca, Abbazia und Veprinaz waren über das Projekt hocherfreut und begrüßten es »mit großer Freude«. Der Bezirkshauptmann von Volosca, Dr. Hygin Ritter von Scarpa, gab dem k. k. Eisenbahnministerium folgende positive Erklärung ab: »Die Ausführung des Projektes muß als

| Abbazianer Elektricitäts- und Kleinbahn-Gesellschaft. | | | |
|---|---|---|---|
| | Matulje S. B. | Slatina Bad | 31 |
| Hin | Matulje Ort | Hotel Bellevue | 30 |
| Zur. | Preluka | Pension Quitta | 29 |
| | | | 28 |
| Kind | Cernikovica | Protest. Kirche | 27 |
| 1 | Bez. Gericht | Licht-Zentrale | 26 |
| 2 | Marktplatz | Punta Kolova | 25 |
| 3 | | Strandweg | 24 |
| 4 | Bez. Hauptm. | | 23 |
| 5 | Lipovica | Mauthaus | 22 |
| 6 | 4 Jahreszeiten | Tivoli | 21 |
| 7 | | Jčići | 20 |
| 8 | Skerbici | Jka | 19 |
| 9 | Markthalle | | 18 |
| 10 | Hafen Abbazia | Hot. „Lovrana" | 17 |
| 11 | | Lovrana | 16 |
| 12 | Hotel Bristol | Diese Karte gilt nur für d. Lösungstag | 15 |
| 13 | Hotel Stefanie | | 14 |

kontrollor    Fahrpreis **20** Heller    Kondukteur

*Abbazianer Straßenbahn.*
*Trasse zwischen Mattuglie und Volosca.*

*Rechts:*
*Bahnkarte aus dem Jahre 1913.*

im entschiedenen Interesse des gesamten Litorales von Volosca bis Lovrana gelegen bezeichnet werden und entspricht dem bereits seit langem gefühlten dringenden Bedürfnisse nach einer raschen, bequemen und wohlfeilen Verbindung der Bahnstation mit den von den Fremden zahlreich besuchten, im steten Fortschreiten begriffenen Küstenorte. Namentlich das in seiner Entwicklung wegen der Entfernung der Bahn ungemein gehinderte Lovrana würde durch die Ausführung der Bahn ungemein gewinnen und hiedurch würde auch der Wohlstand der ganzen Bevölkerung der Umgegend gehoben werden. Bezüglich der von der Gemeinde Volosca gewünschten Straße anerkenne ich das Bestreben der Gemeinde, im Interesse des Curortes eine zweite Straße zu erlangen, da hiedurch die allein den Verkehr tragende Reichsstraße bedeutend entlastet werden würde. Auch

das Begehren der Gemeinde Lovrana auf Verlängerung der Trasse bis zum Hafen muß als ein vollkommen gerechtfertigtes bezeichnet werden. Ich kann daher die Ausführung des Projektes nur wärmstens befürworten.«

Eine Eisenbahn oder Straßenbahn in Österreich zu bauen, war stets eine langwierige Angelegenheit, wie jeder Eisenbahnhistoriker bestätigen wird. Auch Abbazia mußte diese Erfahrung machen. Trotz aller guten Vorbedingungen vergingen noch weitere acht Jahre, bis es seine Tramway bekam. Die Ursachen waren vielschichtig. Zunächst trat Fürst Wrede als Konzessionswerber zurück, weil er über die vielen kleinlichen Einwände der Haus- und Grundbesitzer und die Sonderwünsche der Hoteliers verärgert war. Die Südbahngesellschaft als Eigentümerin des Hotels Stephanie wünschte zum Beispiel ein eigenes Stockgleis bis zum Hoteleingang mit einer unterirdischen Stromzuführung, ähnlich den Straßenbahnlinien auf der Wiener Ringstraße. Dort war ja auch über ausdrücklichen Wunsch des Kaisers die Stromzufuhr unter die Erde verlegt worden, um das Stadtbild nicht durch die Oberleitung zu stören.

Mit diesen und ähnlichen Wünschen mußten sich die neuen Konzessionäre, der Baumeister Münz und die Münchener »Aktiengesellschaft für elektrische Unternehmungen«, jahrelang herumstreiten. Unvorhergesehene Schwierigkeiten bereitete auch das Eisenbahnministerium. Es wollte die von der Straßenbahngesellschaft vorgesehene Fahrspannung von 750 Volt Gleichstrom nicht genehmigen. »Hierorts können diesbezügliche Bedenken nicht unterdrückt werden«, hieß es in dem ablehnenden Bescheid. Und außerdem: »Bei der üblichen Spannung von 550 Volt gab es keine Unglücksfälle, was bei einer höheren Spannung vielleicht nicht auszuschließen wäre«, meinte die hohe Behörde. Da die Gesellschaft aus Gründen der Leistungsfähigkeit der Bahn auf der 750-Volt-Spannung beharrte, entschloß sich der Eisenbahnminister Ludwig Wrba zu einer für Österreich einmaligen Aktion: Er ließ durch die österreichischen Konsulate in Berlin, London, Paris und Zürich an Ort und Stelle Recherchen anstellen, welche Erfahrungen man dort mit höheren Spannungen bei Tramwaybetrieben gemacht hat. Die Auskünfte waren durchwegs positiv, nirgends war es zu einem Unglück oder gar zu einem Todesfall gekommen. Also war der Minister beruhigt und gab seine Genehmigung

für den 750-Volt-Betrieb. Die Abbazianer Tramway war damit die erste Straßenbahn in Österreich mit dieser hohen Spannung.

Zu Beginn des Jahres 1908 waren alle rechtlichen, administrativen, finanziellen und technischen Hürden genommen. Die Gleise waren gelegt, die Motorwagen und Anhänger von der Waggonfabrik in Graz abgeliefert, auch das Personal war eingeschult. Am 9. Februar fand die Betriebseröffnung statt, ganz gegen sonstige Gewohnheiten ohne jede Feierlichkeit. Nicht einmal die Lokalpresse nahm von der Eröffnung besonders Notiz. Ein politischer Mord überschattete gerade in diesen Tagen alle anderen Ereignisse und sorgte für Schlagzeilen: Am 1. Februar 1908 wurden der portugiesische König Carlos I. und sein Sohn, Kronprinz Louis Philipp, in Lissabon auf offener Straße von Anarchisten erschossen. In Wien

*Fahrplan der Abbazianer Straßenbahn in kroatischer und deutscher Sprache. 1913.*

*Abbazianer Straßenbahn beim
Slatina-Strand. 1913.*

schaft gedenkt mit der Rivalin in ernste Konkurrenz zu treten und den Fahrpreis auf die Hälfte herabzusetzen. Dieser Konkurrenzkampf kann für Lovrana nur förderlich sein und dem aufstrebenden Kurort einen größeren Menschenzustrom zuführen.«

Die Abbazianer Tramway, die zwar so genannt wurde, obwohl sie bis Lovrana führte, besaß 13 Triebwagen und 5 Beiwagen, die mit allen nur möglichen Sicherheitsvorrichtungen ausgerüstet waren. Jeder Triebwagen besaß wegen des starken Streckengefälles zwischen Mattuglie und Volosca eine schnellwirkende elektromagnetische Bremse, das Modernste auf dem Gebiet der damaligen Schienentechnik. Außerdem führte jeder Wagen einen transportablen Telefonapparat mit, der an verschiedenen Stellen der Strecke an die Leitung des Bahntelefons angeschlossen werden konnte. Das war keine technische Spielerei, sondern ungemein wichtig, weil bei starker Bora die Gefahr des Umstürzens der Wagen bestand und im Notfall sofort die Einstellung des Zugsverkehrs veranlaßt werden mußte. Bei Schlechtwetter und Nebel durfte die Talfahrt nicht eher angetreten werden, bis die Trasse durch Streckenarbeiter überprüft worden war. Auch in den engen Ortsdurchfahrten von Volosca, Abbazia, Ika und Lovrana war größte Vorsicht angeordnet. Die Straßenbahndirektion, die nichts so sehr fürchtete als »Scherereien« mit einem Überfahrenen, wies die Motorführer an, besonders bei Tor- und Garteneingängen und vor Hotels langsam zu fahren, keinesfalls mehr als zehn Kilome-

brachte nur die „Arbeiter-Zeitung", die sich ansonsten wenig mit Nachrichten von der Riviera beschäftigte, folgende Notiz: »Aus Lovrana meldete man uns vom 9. d.: Der heutige Tag, an dem die elektrische Bahn nach Lovrana dem öffentlichen Verkehr übergeben wird, ist für die Entwicklung dieses schönen Kurortes von historischer Bedeutung, waren doch die Verkehrsmittel nach Lovrana bisher sehr mangelhaft. Die alte Poesie der Postkutsche konnte die Unannehmlichkeiten nicht wettmachen und die Dampfertouren nach Lovrana waren auf ein Minimum eingeschränkt. Bei bewegter See konnten die Schiffe, da der neue Molo noch nicht vollendet ist, überhaupt nicht in Lovrana anlegen. Lovrana war an solchen Tagen vom Verkehr ganz abgeschnitten. Durch die Eröffnung der elektrischen Bahn erscheint nun Lovrana dem großen Verkehr erschlossen. Die Dampfschiffahrtsgesell-

ter in der Stunde. Pferdefuhrwerke hatten absoluten Vorrang, und bei unübersichtlichen Kurven mußten die Kondukteure, eine Glocke schwingend, den Tramwaywagen vorausgehen.

Eine Fahrt auf der 12 Kilometer langen Strecke war ein »eindrucksvolles Erlebnis«, das behaupteten nicht nur die Fremdenverkehrsmanager, sondern sagten auch die Passagiere. Es gab Kurgäste, die ihre tägliche Spazierfahrt ausschließlich nur mehr per Tramway unternahmen. Vom offenen Sommer-Beiwagen konnte man während der Fahrt Freunde und Bekannte grüßen, man sah und wurde gesehen. Für Vergnügungs- und Sonderfahrten stand vor dem Portal des Hotels Stephanie stets eine Extragarnitur bereit. Trotz erstklassiger Frequenz war die Tramway zwei Jahre nach ihrer Eröffnung am Rande des Ruins. Der Baumeister Münz, Präsident der Gesellschaft, ging in Konkurs. Wahrscheinlich hatte er von dem fernen Wien aus zuwenig Kontrolle über den Betrieb und dabei die Übersicht verloren; die Folge waren Schlamperei, Fahrkartenmanipulationen, Unterschleife, offener Betrug. Nach einem handfesten Krach löste sich der Verwaltungsrat auf, neue Männer tauchten auf, Leute aus Pola, Triest und Fiume, die mit dem Verkehrsgebiet mehr Kontakt hatten und bessere Kontrollmöglichkeiten besaßen. Zu ihrem neuen Präsidenten wählten sie einen Elektrofachmann, der allerdings auch wieder »von auswärts« kam, den Professor an der Brünner Technischen Hochschule Anton Smrček.

Nach dem Ersten Weltkrieg wurde die

Abbazianer Tramwaygesellschaft in die italienische »Società Anonima Ferrovie Elettriche Secondarie Abbazia« umgewandelt, die aber schon 1933 als frühes Opfer der Automobilkonkurrenz ihren Betrieb einstellen mußte. Der letzte Zug fuhr am 31. März, tags darauf verkehrten bereits die Autobusse der »Consortio Intercomunale Servizi Automobilistici Fiume–Abbazia«. Die Straßenbahnwagen wurden nach Laibach verkauft und standen dort noch nach 1945 in Verwendung. Durch die Lage Abbazias und Lovranas am Fuße des 1400 Meter hohen Monte Maggiore tauchten auch verschiedene Projekte für eine Bergbahn in die höhergelegenen Regionen auf. Die Ärzte waren von der Idee hell begeistert, sie erwarteten – gar nicht unberechtigt – einen verstärkten Patientenzustrom. »Den Aufenthalt in subalpinem Klima mit dem Gebrauch von Seeklima und Seebädern zu verbinden«,

bezeichneten sie ein »medizinisches Unikum«, einzig dastehend in Europa. Leider lösten sich aber alle Projekte in nichts auf. Bei näherer Betrachtung und Durchrechnung der Kosten schien nämlich eine Bergbahn doch zu unrentabel. Vor allem aber war nie genügend Geld für die Verwirklichung der Pläne vorhanden. 1890 scheiterte der Schweizer Ingenieur Locker, der Erbauer der Pilatusbahn, der eine Zahnradbahn von Abbazia aus auf den Monte Maggiore anlegen wollte, an der Unmöglichkeit, einen Finanzier aufzutreiben. Ebenso erging es 1908 einem Abbazianer Konsortium unter der Führung des rührigen Kurarztes Dr. Julius Cohn, 1910 der Union-Baugesellschaft, 1913 der Gemeinde Lovrana, im gleichen Jahre einer Arbeitsgemeinschaft der Gemeinden Volosca, Abbazia und Veprinaz, 1932 (nachdem die Riviera nicht mehr österreichisch war) einer italienischen Gesellschaft, die eine »Funiculare«, eine Standseilbahn, bauen wollte, und 1959 einem jugoslawischen Projekt für eine Seilschwebebahn von Medveja auf den Učka. So blieb die Bergbahn ein unerfüllter Wunsch und wird es aller Voraussicht nach auch weiterhin bleiben.

Für Abbazia brach jedenfalls mit dem Ende des Ersten Weltkrieges eine Welt zusammen. Von seinem natürlichen Hinterland abgeschnitten, verlor es einen Teil seiner Gäste, während Italien die eigenen Bade- und Kurorte forcierte und das weltberühmte österreichische Heilbad Abbazia zum einfachen »luogo di soggiorno«, zum »Touristenort«, degradierte.

# Lovrana

## Lorbeerhain an der Adria

Wer dem gesellschaftlichen Leben und Treiben Abbazias ausweichen wollte und einem ruhigeren und wohl auch weniger kostspieligen Badeort den Vorzug gab, der wählte das benachbarte Lovrana. Es gab (und gibt noch immer) nicht wenige Menschen, die der Ansicht waren bzw. sind, daß Lovrana lagemäßig schöner und anheimelnder ist als Abbazia. Insbesondere aber hat der Ort den Vorzug, nicht so sehr der kalten Bora ausgesetzt zu sein. Die Bora, von der ein altes Sprichwort sagt, »sie werde bei Zengg geboren, verlobe sich in Fiume, heirate in Triest und sterbe in Venedig«, beeinträchtigt ja bisweilen die klimatischen Vorzüge der Quarnerobucht. Borafreies Gelände war auf jeden Fall stärker bevorzugt und auch wertvoller.

Die Umgebung von Lovrana besticht vor allem aber durch die prächtige Vegetation. An keiner anderen Stelle der istrianischen Küste findet man so dichte Lorbeerhaine – der dunkelgrüne Lorbeer (kroatisch lavor) war es auch, der dem Ort den Namen gegeben hat. Es gedeihen hier schon Oliven, Zypressen, Pinien und Feigen, Granatäpfel, Kamelien und Oleander, umrahmt, namentlich in höheren Lagen, von Eichen- und Edelkastanienwäldern.

Die kleine Hafen- und Seefahrerstadt selbst ist unvergleichlich älter als ihre berühmte Rivalin Abbazia. Der Überlieferung nach soll schon im 1. Jahrhundert n. Chr. ein römischer Patrizier in der Nähe ein Tusculum für sich und seine Familie errichtet haben. Dies verzeichnet zumindest eine Kosmographie aus Ravenna. Von einem arabischen Geographen namens El Edrisi wird berichtet, daß er um das Jahr 1150 die Halbinsel Istrien bereist habe und Lovrana in seinen Schriften als einen maßgeblichen Stützpunkt des Warenhandels und der Schiffahrt hervorhob. Seit 1275 gehörte die Stadt zur Grafschaft Pisino-Mitterburg, die damals im Besitze der Kärntner Grafen von Sponheim stand. Später kam sie zur Grafschaft Görz und schließlich unter habsburgische Herrschaft. In den unruhigen Jahrhunderten, da Kriege und Seeräuberei die christliche Seefahrt in der Adria gefährdeten und Gefechte und Überfälle auch in Zeiten offiziellen Friedens an der Tagesordnung waren, flüchteten oft Handelsschiffe vor ihren venezianischen und türkischen Verfolgern in den schützenden Hafen.

Glücklicherweise ist der historische Stadtkern mit seinen kleinen pastellfarbenen Häusern und oft nur zwei Meter breiten Gassen, den hübschen Portalen und den Höfen mit Zisternen fast zur Gänze erhalten geblieben. Die romanische Kirche zum hl. Georg mit einem gotischen Zubau besitzt sehenswerte Fresken eines unbekannten Meisters aus dem 15. Jahrhundert und sogenannte »glagolitische« – altslawische – Inschriften. Kunsthistoriker bezeichnen sie als die am besten erhaltenen Wandmalereien im Bereich des Quarnero. Ein besonderer Schatz, viel zuwenig gewürdigt und auch sehr vernachlässigt, ist eine über 700 Jahre alte Kapelle an der Straße außerhalb der ehemaligen Stadtmauer, über deren Portal man noch Spuren früher kroatischer Arabesken entdecken kann.

*Lovrana. Um 1910.*

Im Jahre 1843 wurde das abgeschiedene Küstenstädtchen durch den Bau der Fianona-Reichsstraße »an die große Welt angeschlossen«. Etwa um die gleiche Zeit begannen sich »Mercantil-Capitäne«, die sich zur Ruhe gesetzt hatten, in Lovrana anzusiedeln. Der Ort wurde zum beliebten Alterssitz der Seefahrer. Erst nach der Jahrhundertwende wandelte sich das Schicksal entscheidend für Lovrana. Ursache waren nicht so sehr seine Bewohner, als vielmehr die Ferienreisenden aus allen Teilen der Monarchie, die von Abbazia aus die kleinen, noch unberührten Orte entlang der Küste entdeckten. Bald meldeten sich auch Fremdenverkehrsmanager mit grandiosen Plänen. Eine »Aktiengesellschaft Quarnero« wurde zu dem Zweck ins Leben gerufen, Lovrana zu einem Kurort und Seebad gleich Abbazia,

womöglich noch schöner, zu machen. Die Gesellschaft erwarb nördlich und südlich der Stadt und in der reizenden Bucht von Medvea Liegenschaften, darunter prächtige Gründe, wie die sogenannten »Seegründe« zwischen Lovrana und Ika, und schön gelegene Rieden an den Berglehnen. Wie ein großer grüner Garten sollte Lovrana sich am Meer entlangziehen, aber keinesfalls ein Massenkurort werden, sondern als ein höchst exklusives Seebad gewissermaßen der Glanzpunkt der österreichischen Riviera werden.

Generalmanager und Verfasser der Bebauungspläne war der uns schon bekannte Baurat Eugen Faßbender aus Wien. Faßbender, ein Schüler des Wiener Dombaumeisters Friedrich von Schmidt, war ein vielbeschäftigter Architekt (er baute unter anderem auch das Kurhaus in Baden

71

*Küste bei Lovrana. Um 1910.*

Bausünden möglichst zu vermeiden und alle neuen Hotels, Pensionen, alle Parkanlagen, Sportplätze, Promenaden usw. dem Landschaftscharakter anzupassen. Das gleiche galt auch für Privatvillen. Sogar die Größe der Bauparzellen und die Höhe der Häuser waren genau vorgeschrieben. Vor der Errichtung von Mammut-Hotels wurde ausdrücklich gewarnt. Eine weitere Forderung war, die malerische Altstadt unangetastet zu lassen, und zwar mit der wörtlichen Begründung, daß man »ein so schönes Bild wohl zerstören, aber nie wieder schaffen könne«. Sehr zum Vorteil des neuen Kurortes beherzigte man allseits Faßbenders gutgemeinte Vorschläge, und so wurde Lovrana mit der Zeit zwar kein ausgesprochenes Nobelbad (diesen Rang ließ sich Abbazia nicht streitig machen), aber eine dafür umso ruhigere, gutbürgerliche und gemütliche Sommerfrische.

Der Bekanntheitsgrad Lovranas stieg beträchtlich, als Dr. Karl Lueger den Ort zu seinem bevorzugten Feriensitz erkor und von 1902 bis zu seinem Tode im Jahre 1910 fast alljährlich zur Erholung kam. Er wohnte bei der Familie Baron Brenner in der Villa »Rocco«, die auf einer weit in das Meer hinausragenden Klippe steht und von wo man einen herrlichen Ausblick auf den Canale di farasina genießen kann. Für den Wiener Bürgermeister, der in seinen letzten Lebensjahren zunehmend von schmerzhaften Krankheiten geplagt wurde, waren diese Aufenthalte an der Adria ein wahres Labsal. Er freute sich immer wieder, das Meer zu sehen, und kehrte auch jedes Mal sichtlich erfrischt

bei Wien) und war dazu ein großer Naturfreund und bewußter Vorkämpfer für eine bessere »Lebensqualität«. Jeden unnötigen Eingriff in die Landschaft lehnte er ab. Wäre zu seiner Zeit der Begriff des »Naturschützers« schon geläufig gewesen, dieser Mann hätte diesen Namen zu Recht verdient. Von ihm stammt übrigens auch die Idee des Wald-und-Wiesen-Gürtels an der Peripherie rings um Wien, die von Bürgermeister Dr. Karl Lueger verwirklicht wurde.

Seine Grundforderung für das Lovrana-Projekt war, die in Abbazia begangenen

nach Wien zurück. Als wieder einmal der Zug mit dem Separatwaggon am Südbahnhof zur Abfahrt bereitstand, verabschiedete sich auch Luegers Hauskomiker, der »kleine Fischer«, und wünschte dem Bürgermeister gute Reise. »Ich hätt' Sie ja gern mitgenommen«, meinte Lueger wohlgelaunt in Ferienstimmung, »aber Sie machen so dumme G'spaß, und das ist ein Extrazug – wenn's einer wär', der bei jeder Station halt, könnt' man Sie ja außeschmeißen, aber so müßt' ich mir den Blödsinn bis Lovrana anhörn – das geht net, das ist mir z'viel!«

Am 26. März 1908 empfing Lueger den Besuch des Thronfolgerpaares. Erzherzog Franz Ferdinand und seine Gemahlin, Herzogin von Hohenberg, freuten sich, den Bürgermeister in leidlich gutem Zustand angetroffen zu haben, und unternahmen mit ihm einen ausgedehnten gemeinsamen Spaziergang.

Wer immer in jenen Jahren nach Lovrana kam, bewunderte die prachtvolle, direkt am Meer in der Nähe der Vale Madalena liegende Villa »San Michele«. Sie war einer jener Sommersitze an der Adria, die als die Verwirklichung eines baulichen Wunschtraumes gelten konnten und zum bleibenden Denkmal der großzügigen Bauherren wurden. »San Michele«, in den Jahren 1890 bis 1895 im Auftrage des Wiener Advokaten Dr. Michel Ruault-Frappart errichtet, brannte kurz vor der Fertigstellung bis auf die Grundmauern ab. Der Neubau, noch luxuriöser, als die ersten Pläne es vorgesehen hatten, dauerte weitere fünf Jahre, weil Dr. Ruault-Frappart immer wieder neue Ideen entwickelte

*Bürgermeister Dr. Karl Lueger in Lovrana.*

und Änderungen verlangte. Als wohlhabender Mann und kultivierter Schöngeist – sein Vater war der aus Frankreich stammende Erste Ballettmeister und Choreograph der Wiener Hofoper Louis Ruault-Frappart – konnte er sich Extravaganzen dieser Größenordnung erlauben. Geld spielte dabei offenbar keine Rolle. Und so entstand der sehenswerte Bau im Stil einer italienischen Villa des späten 19. Jahrhunderts mit verschiedenen Elementen ornamentreicher Neoromanik, der vor allem durch die Abstimmung und Kostbarkeit der Materialien und Bau-

73

Lovrana. Villa „San Michele"
des Wiener Advokaten
Dr. Michel Ruault-Frappart.
1910.
(Heute „Villa Frappart".)

Bild gegenüberliegende Seite:
Lovrana. Hotel „Königsvilla"
und Fischerhafen.
Vor 1914.

stoffe besticht. Die Außenwände der Villa sind mit rosafarbenem Marmor aus Verona, die Halle ist mit grünem Marmor aus Griechenland verkleidet. Das Treppenhaus, die Loggia in der Halle, die Fenster- umrahmungen und gemeißelten Dekorationen, deren Vorbilder möglicherweise Klosterbauten in Venetien und Dalmatien waren, sind aus gelbem Siena-Marmor. Im Steinboden der Halle sind Marmorstücke eingelassen, die von dem 1901 eingestürzten Campanile der Markuskirche von Venedig stammen. Die Kolonnade zum Meer ist aus schwedischem Porphyr, für die Fenster wurde belgisches Kristallglas verwendet.

»San Michele« hat zwei Weltkriege unbeschädigt überlebt und blieb bis 1945 im Besitze der Familie Ruault-Frappart. Noch im Sommer 1938 beherbergte die Villa den polnischen Staatspräsidenten Ignaz Mošcicki, der hier über Einladung der befreundeten italienischen Regierung einige Wochen Ferien machte – ein Jahr, bevor seine Heimat für sieben Jahre von der Landkarte gelöscht wurde. Nunmehr ist aus der Villa »Frappart« (so wurde sie umbenannt) eine Dependance des Hotels »Beograd« geworden. Die kostbaren Einrichtungsgegenstände, Teppiche, Gemälde und Skulpturen, wurden samt und sonders weggebracht und befinden sich jetzt in den Museen von Fiume und Agram. Die zumeist bundesdeutschen Urlaubsgäste betreten die ihres Prunks beraubte Villa trotzdem mit einem gewissen Gefühl des Staunens, der Scheu, fast ehrfürchtig, denn noch immer vermeint man in den Räumen etwas von dem Glanz und der Noblesse vergangener Tage zu verspüren. Ansonsten wird man in Lovrana aber meist vergeblich nach Spuren Altösterreichs suchen. Die Zeit von zwei Generationen ist inzwischen vergangen, die Villen und Pensionen haben nicht nur ihre Namen, sondern auch ihre Besitzer mehrmals gewechselt, und mit den Erinnerungen der alten Kapitäne und Fischer weiß man heute nicht mehr viel anzufangen ...

# Lussin

## Die Insel, die immer Saison hatte

Der steirische Klimatologe und Kurarzt in Bad Gleichenberg, Dr. Conrad Clar, schrieb 1894 in einer gelehrten Abhandlung über die »Winterstationen im alpinen Mittelmeergebiete«: »Drei Ursachen veranlassen uns an der Küste des Quarnero, unseren Blick aufs Meer hinaus zu richten, und möglichst weit draussen auf den Inseln Unterkunft zu suchen, erstens die höhere Wärme, zweitens die constantere Feuchtigkeit, drittens die relative Ruhe der Luft. Von den drei grösseren istrianischen Inseln Veglia, Cherso und Lussin ist die letztgenannte die wenigst umfangreiche, am weitesten vom Lande entfernte, aber sie besitzt in den Städten Lussinpiccolo und Lussingrande die am meisten entwickelten menschlichen Niederlassungen.«

Damit war eigentlich alles Wesentliche darüber gesagt, was die Insel Lussin auszeichnet und zu einem »südlich-klimatischen Kurort« par excellence werden ließ. Doch wir wollen etwas ausführlicher sein: Lussin ist nicht nur die am weitesten vom Festland entfernte, sondern auch die südlichste der drei großen Quarnero-Inseln. Da ihre Küste von einer warmen Meeresströmung umspült wird, sinkt die Wassertemperatur rings um die Insel selbst im Winter nie unter 12 Grad Celsius, und die Lufttemperatur entspricht den Werten, die um diese Jahreszeit üblicherweise in Rom gemessen werden. Ein Reiseführer von 1910 schildert die herrliche Blütenpracht auf Lussin in den Wintermonaten und im Vorfrühling: »Kaum daß zur Jahresneige der Rosmarin seine blauen Blütensterne entfaltet hat, bringt der Ja-

nuar eine neue Farbennote in die Landschaft: Die Mandelbäume setzen ihre hellen Lichter an. Der Februar erweckt das weißglühende Viburnum und die Euphorbia Characias, der März behängt Pfirsich- und Aprikosenbäume mit reichem Blütenflor und der April endlich eröffnet die eigentliche Frühlingsfeier. Salbei, Wacholder, Lorbeer und andere aromatische Pflanzen erfüllen mit ihrem Hauch die Luft, Schwertlilien und Crocus, Narzissen und Orchideen schmücken die Gärten...«

Die ersten exakten meteorologischen Beobachtungen machte um die Jahrhundertwende der auf Lussin ansässige Professor A. Haračić. In dicke Folianten trug er mehrmals am Tage gewissenhaft den Thermometerstand, die Luftfeuchtigkeit, die Windstärke und die Windrichtung, die Bewölkung und die Niederschläge ein. Er errechnete für Lussin ein Temperatur-Jahresmittel von 15 Grad Celsius, das um 6 Grad höher liegt als die Durchschnittstemperatur in Wien. Ferner wies er nach, daß Schnee nur viermal innerhalb von 25 Jahren einen ganzen Tag lang liegenblieb und Frost und Nebel nahezu unbekannte Erscheinungen sind. Dafür beschert ein strahlend blauer Himmel der Insel im Laufe eines Jahres an die 150 vollkommen wolkenlose Sonnentage, eine Traummarke, die im ganzen Adriaraum fast nirgends überboten wird. Lussin ist einmal eine »gut durchlüftete Insel« genannt worden, was aber nicht heißen soll, daß dort immer der Wind bläst. Der heiße Schirokko aus dem Südosten und die schneidend kalte Bora aus dem Norden erreichen nur höchst selten größere Stärke und wehen

anscheinend nur zu dem Zweck, die Luft hin und wieder rein zu fegen. Nicht umsonst sagt man ja Lussin absolute Staubfreiheit nach ...

Von dieser paradiesischen Insel – 75 Quadratkilometer groß, 31 Kilometer lang und bis 5 Kilometer breit – wird berichtet, daß sie einmal in grauer Vorzeit mit ihrer Nachbarinsel Cherso eine Einheit gebildet habe. Den schmalen Kanal, der heute die beiden Inseln trennt und über den eine Straßenbrücke führt, legten vermutlich die alten Liburner an. Die Römer verbreiterten später den Kanal und benützten ihn zur Durchfahrt ihrer Handelsschiffe, die von Aquileia nach Griechenland unterwegs waren. Das wegen seiner historischen Baudenkmäler sehenswerte Städt-

chen Ossero (kroatisch Osor), auf der Insel Cherso ganz nahe am Seekanal gelegen, war zur Zeit Roms ein reicher Handelsplatz mit mehreren zehntausend Einwohnern. Im Mittelalter mehrmals zerstört, verarmte die Stadt nach und nach, und häufige Malariaepidemien taten das übrige, um sie zur völligen Bedeutungslosigkeit herabsinken zu lassen.

Die Bevölkerung von Lussin war durchaus nicht auf Rosen gebettet. Mehr schlecht als recht fristete sie einst ihr kümmerliches Dasein mit Fischfang und dem Transport von Brennholz nach Venedig mittels kleiner Barken. So war es wohl ein besonderer Glücksfall, daß sich um das Jahr 1820 ein junger, unternehmungslustiger Mann in Lussin niederließ, der

77

*Lussinpiccolo. Hafen.*
*Um 1910.*

interessierter Laie – mit den Grundbegriffen der Mathematik, der Navigation und der Schiffsbaukunst bekannt. Sodann verschaffte er sich durch Beredsamkeit und guten Leumund bei einem Triestiner Bankhaus einen ansehnlichen Kredit zum Bau mehrerer dreimastiger Hochseesegler, deren erste Reisen sich als überaus gewinnbringend erwiesen. Nun war der geradezu kometenhafte wirtschaftliche Aufstieg der Insel nicht mehr aufzuhalten. In amerikanischem Tempo entstanden sechs Schiffswerften, und schon bald war die Stadt Lussinpiccolo der Heimathafen einer stattlichen Überseeflotte. Nicht genug damit: Der tüchtige Dr. Capponi gründete in Lussinpiccolo eine eigene See-Assekuranzanstalt und eine Nautische Akademie. Die dort ausgebildeten Seeleute machten dem Namen Lussin alle Ehre und waren wegen ihrer Kenntnisse und ihrer Zuverlässigkeit auf allen Meeren geschätzt. Einer der berühmtesten wurde der Kapitän Anton Busanić aus Lussingrande, der erste Kapitän, der unter österreichischer Flagge im Jahre 1843 das Kap der Guten Hoffnung umsegelte. Aus einer Lussinianer Seefahrersfamilie stammte auch der k. k. Konteradmiral Johann Ritter Scopinich von Küstenhort, der sich während der Blockade von Venedig im Krieg gegen Sardinien 1848/49 als Kommandant eines kleinen Flottenverbandes auszeichnete. Schon als Knabe fuhr er auf dem Handelsschiff seines Vaters mehrmals um die Welt, und von damals stammte auch sein seemännisches Geschick.

durch seine staunenswerten Aktivitäten den Grundstein zum Reichtum der Insel und zum weltweiten Ansehen der Lussinianer legte. Dieser Mann war der Doktor der Medizin Bernardo Capponi, ein Istrianer italienischer Muttersprache, der sich nicht nur um die Gesundheit seiner Mitbürger kümmerte, sondern auch um deren materielle Sorgen und Nöte. Er sagte der Armut der Inselbevölkerung den Kampf an, umso ermutigter, als er »in den durchaus intelligenten Bewohnern die besten Anlagen zur weiten Schiffahrt entdeckte, weil sie Mäßigkeit und Liebe zur anstrengenden Arbeit und Ausdauer mit Rechtschaffenheit und Treue verbinden«. Er scharte eine Gruppe tüchtiger und williger Fischer und Barkenführer um sich und machte sie – selbst nicht mehr als ein

Dr. Capponi standen bei seiner Pionierarbeit um die Lussinianer Schiffahrt zwei junge Priester helfend zur Seite, das Brüderpaar Don Giovanni und Don Stefano Vidulić. Sie unterrichteten die Jugend in Mathematik, fremden Sprachen und kaufmännischen Fächern und bereiteten sie so auf ihren künftigen Beruf vor. Daß auch die Seelsorge nicht zu kurz kam, war selbstverständlich. Zu einem Gutteil wird es wohl auf den Einfluß der beiden geistlichen Herren zurückzuführen sein, daß die Kapitäne aus Lussin allesamt als gottesfürchtig, persönlich anspruchslos, nüchtern, vor allem aber als sparsam bekannt waren. Heinrich Bayer von Bayersburg schreibt speziell über diese Sparsamkeit in seinem Buch über Altösterreichs Admirale: »Die alten Lussinianer vertrauten ihre Ersparnisse niemals Banken an, erbaten sich die Auszahlung ihrer Gage und ihrer sonstigen Gebühren immer in Hartgeld: Gold und Silber, die sie in Wollstrümpfen in den Truhen ihrer Häuser in Lussin gut versteckt verwahrten. Die Erfahrungen ihrer Vorväter, welche Geldentwertungen und finanzielle Katastrophen zur Genüge erlebt hatten, waren bestimmend für ihr Verhalten dem Geld gegenüber, was vielleicht veraltet erscheint, aber doch sehr klug war. Die Familienhäuser der alten Lussinianer Seemanns-Dynastien galten immer als Schatzgruben...« Das Vermögen der vorsichtigen Leute von Lussin blieb sogar im Unglücksjahr 1859 unangetastet, als in dem von Napoleon III. gemeinsam mit Sardinien provozierten Krieg (in dem die Lombardei für Österreich verlorenging) ein aus zahlreichen Linienschiffen und

Fregatten bestehendes französisches Geschwader in der Adria kreuzte und als Operationsbasis den Hafen von Lussinpiccolo wählte.

Mit dem Maschinenzeitalter begann der harte Konkurrenzkampf zwischen den Seglerflotten und den modernen Dampfschiffen. Lussin hielt sich wacker in diesem Kampf und paßte sich geschickt der neuen Zeit an. Bald schon verfügten die Reeder von Lussinpiccolo und Lussingrande über eine Dampferflotte mit genügendem Schiffsraum, um ihre Transportgeschäfte so wie bisher abwickeln zu können. Allerdings verlegten nun die meisten Lussinianer Schiffsbesitzer ihre Kontore in die Handelszentren Fiume und Triest, weil sie von dort nicht nur einen besseren geschäftlichen Überblick zu ha-

ben glaubten, sondern auch der Meinung waren, dies ihrer Reputation schuldig zu sein. Der Schiffsbau hingegen ging in Lussin rapid zurück, und nur eine einzige Werft stellte sich – 1883 – auf den Bau von Dampfschiffen um. Diese Werft besteht heute noch.

Gerade in der Zeit dieser Veränderungen begann sich der Fremdenverkehr als ein neuer Wirtschaftszweig auf Lussin zu entfalten. Er hatte die Insel entdeckt und leitete einen neuen Zeitabschnitt ein. Die meteorologischen Untersuchungen des verdienstvollen Professor Haračić hatten das Interesse der medizinischen Fachkreise erweckt, und Wiens berühmter Laryngologe Hofrat Dr. Schrötter von Kristelli, der sich, wie wir bereits wissen, schon um Abbazia große Verdienste erworben hat, besuchte in Begleitung mehrerer Kollegen von der Wiener medizinischen Fakultät Lussin und empfahl die Insel wärmstens als Aufenthalt für Lungenkranke und Rekonvaleszente, denen starke Temperatur- und Luftdruckschwankungen nicht zuträglich waren. Verblüffende Heilerfolge übertrafen die hochgesteckten Erwartungen – Lussins Ruf war gesichert.

Die beiden Hauptorte, Lussinpiccolo und Lussingrande (deren Größe im umgekehrten Verhältnis zu ihrem Namen steht), zeichnen sich durch eine besonders hübsche Lage aus. Lussinpiccolo ist ein typisch venezianisches Inselstädtchen mit Festungsturm und Campanile und baut sich amphitheatralisch am Südende einer sechs Kilometer langen Bucht auf. Lussingrande liegt eine schwache Fußstunde entfernt auf der entgegengesetzten Seite, der Ostseite der Insel, gleichfalls in einer malerischen Bucht.

Zu Anfang der achtziger Jahre gab es noch sehr wenige Unterkunftsmöglichkeiten für Fremde. Die Bürgerhäuser in Lussinpiccolo waren zwar gut gehalten und strahlten etwas von der Wohlhabenheit ihrer Bürger aus, für die Unterbringung und die Verköstigung von Kurgästen aber war man nicht eingerichtet. Nach 1885 beginnt jedoch der Aufstieg, entstehen die ersten Hotels »Vindobona« und »Hoffmann«. Es folgen »De la Ville«, »Adria« und das Hotel »Dreher« der bekannten Schwechater Bierbrauerdynastie.

Für die Ausgestaltung Lussinpiccolos sorgte der uns schon bekannte Professor Haračić. Er gründete 1886 die Sektion Lussin des Österreichischen Touristenclubs und ließ Strandpromenaden und markierte Wanderwege anlegen. Da Lussin noch vor hundert Jahren nahezu unbewaldet war, rief Professor Schrötter von Kristelli einen Bewaldungs- und Verschönerungsverein ins Leben, der sogleich mit der Aufforstung der näheren Umgebung von Lussinpiccolo begann und nach und nach 600.000 Kiefernsetzlinge anpflanzte. 1891 übernahm die staatliche Forstbehörde diese Arbeiten und setzte bis zum Beginn des Ersten Weltkrieges nicht weniger als jährlich 300.000 junge Bäume verschiedenster Art. So wuchsen rund um die Stadt und die Bocche Cigale (die Kroaten sagen Čikat) harzduftende Nadelwälder heran, daneben schlanke Zypressen, Lorbeer-, Myrten-, Zitronen-, Orangen- und Mandarinenbäume. Agaven und subtropische Sträucher bedeck-

ten immer weitere Flächen. Sogar Dattelpalmen gedeihen auf der Insel als ihrem nördlichsten Platz in Europa. Noch heute profitiert der Fremdenverkehr auf Lussin von dieser altösterreichischen Kulturarbeit. Es gilt nämlich mit Recht als besondere Attraktion, daß sich die Badenden während der sommerlichen Gluthitze in den wohltuend kühlen Schatten der Wälder zurückziehen können, die sich längs des Strandes hinziehen.

Von der benachbarten kleinen Sandinsel Sansego – berühmt wegen ihrer guten Rotweine, der hübschen Volkstrachten und der spontanen Gastfreundschaft ihrer Bewohner, die allesamt einen eigentümlichen altkroatischen Dialekt sprechen – wurden unzählige Schiffsladungen feinsten Sandes nach Lussinpiccolo gebracht, mit dem der Verschönerungsverein in der Bocche Cigale ein weitläufiges Strandbad anlegen ließ. So wurde die Bucht bald zum Mittelpunkt eines heiter-mediterranen

*Die wunderbare Errettung der österreichischen Brigg „Cinque Fratelli" aus höchster Seenot am 5. Februar 1897. Votivbild in der Wallfahrtskirche zur hl. Maria in Tersato (Trsat), gestiftet von Kapitän Giacomo Nicolich aus Lussin.*

81

*Lussinpiccolo.*
*Kai und Fischerhafen.*
*Um 1900.*

in einem »mit Ofen versehenen« Privatzimmer ein, das laut »Offiziellem Reise-Handbuch der k. k. priv. Südbahngesellschaft« schon um »15 Gulden per Monat aufwärts je nach Lage« zu haben war. Das war auch für kleinere Brieftaschen erschwinglich und entsprach etwa dem damaligen Fahrpreis Wien–Fiume, III. Klasse Schnellzug. Fünf Kurärzte betreuten die kranken, zumeist mit einem Lungendefekt behafteten Gäste und Rekonvaleszenten. So ging der Aufstieg Lussinpiccolos unaufhaltsam weiter, und 1898 meldete die Wiener illustrierte Familienzeitung »Das Interessante Blatt« bereits die »unerhörte Zahl von 1400 Kurgästen«. Mit 9000 Meldungen erreichte 1913 der Fremdenzustrom seinen vorläufigen Höhepunkt, der jahrzehntelang nicht überboten wurde. Erst 1955, mit dem Einsetzen des Massentourismus, steigerte sich die Besucherfrequenz in ungeahnter Weise.

Auch das kleinere Lussingrande blieb in seiner Entwicklung als Luftkur- und Badeort nicht zurück, lag aber doch im Schatten des ungleich eleganteren und berühmteren Lussinpiccolo. Größeren Bekanntheitsgrad erlangte es erst, als sich Erzherzog Carl Stephan, ein Bruder des im Ersten Weltkrieg als Heerführer populär gewordenen letzten Hoch- und Deutschmeisters Erzherzog Eugen, 1886 hier seine Villa »Podjavori« (zu deutsch »Unter dem Ahornbaum«) erbauen ließ und jedes Jahr mit seiner Gemahlin, Erzherzogin Maria Theresia, mehrere Monate auf der Insel verlebte. Carl Stephan war Marineoffizier, Linienschiffsleutnant, später Inspizierender Admiral der k. u. k. Kriegsmari-

Badelebens mit zahlreichen komfortablen Pensionen, Dependancen und Herrschaftsvillen, mit Cafés und Plätzen für das gerade in Mode gekommene Lawn-Tennis.

1890 besitzt Lussinpiccolo bereits eine Lesehalle, eine Bibliothek und sogar ein eigenes Kurorchester. Man wußte eben sehr genau, was man an Unterhaltungen seinen Gästen bieten mußte, die damals immerhin schon aus allen Teilen der Monarchie kamen. Sogar Engländer, Deutsche und Italiener trafen zur Kur ein. Wem das Logis in einem der gewiß nicht billigen Hotels oder in einer noblen Fremdenpension zu teuer war, quartierte sich

ne und schätzte schon aus diesem Grunde das Meer und die adriatische Inselwelt mehr als die meisten anderen Mitglieder des kaiserlichen Hauses. Mit viel Liebe und Sachkenntnis legte er rings um seine Residenz einen weitläufigen Park an, in dem er eigenhändig sorgsam ausgewählte exotische Bäume und Sträucher aus aller Welt anpflanzte. Da der Wasservorrat der Zisternen auf seinem Grundstück für die Gartenpflege nicht ausreichte, ließ er Süßwasser vom Festland zuführen und eigens zu diesem Zweck ein Spezialtransportschiff bauen. Als er in späteren Jahren immer mehr Zeit auf seinen Besitzungen in Galizien zubringen mußte, die ihm von seinem Onkel, dem Feldmarschall Erzherzog Albrecht, vererbt worden waren, trat Lussingrande zwangsläufig in den Hintergrund. Das Süßwasserschiff verkaufte er an Paul Kupelwieser, den Besitzer der Insel Brioni. Dagegen hat die erzherzogliche Privatjacht, die wegen ihrer kostbaren Teakholzeinrichtung berühmt war, zwei Weltkriege und mehrmaligen Besitzwechsel überdauert. Sie wurde erst 1970 verschrottet.

Im März 1887 besuchte Kronprinz Rudolf, von Abbazia an Bord des Torpedobootes »Adler« kommend, Lussin. Der Besuch verlief leider ganz und gar nicht nach Wunsch. Schon bei der Hinfahrt wurde die »Adler« manövrierunfähig und erreichte nur mit Mühe den Hafen. Nach der Landung bestieg der Kronprinz sogleich mit seinem Flügeladjutanten und zahlreichen örtlichen Honoratioren die höchste Erhebung der Insel, den 558 Meter hohen Monte Ossero, von wo die

Gesellschaft den Rundblick auf den Quarnero und die dalmatinische Küste mit der »drohenden Mauer« des Velebitgebirges genoß. Die geplante Geierjagd jedoch mußte unterbleiben, weil Rudolf bald darauf die Insel geradezu fluchtartig wieder verließ. Warum es dazu kam, erzählt der Leibjäger des Kronprinzen, Rudolf Püchel, in seinen Erinnerungen: »Kaum wurde der Marsch nach dem Inneren der Insel angetreten, als zwei lange Menschenspaliere aufgestellt waren, um den populären Kaisersohn zu sehen und zu begrüßen. Der orts- und jagdkundige Führer ging voraus, darauf folgte der Kronprinz, schließlich ich. Als

83

*Lussingrande. Villa „Podjavori"*
*("Unter dem Ahornbaum") des*
*Erzherzogs Carl Stephan.*
*Aufnahme um 1912.*

chisch-ungarischen Innenpolitik rückte Lussin durch den mehrwöchigen Aufenthalt des Erzherzogs Franz Ferdinand d'Este im Jahre 1895. Franz Ferdinand, der nach dem tragischen Tod des Kronprinzen und durch den Verzicht seines Vaters, des Bruders Kaiser Franz Josephs, 1889 Thronfolger geworden war, hatte von seiner Mutter, der Erzherzogin Maria Annunziata, einer Bourbonin aus der sizilianischen Linie, die Lungentuberkulose geerbt. Als sein Gesundheitszustand bereits zu ernsten Besorgnissen Anlaß gab, legte der 32jährige Generalmajor »mit wirklich blutendem Herzen« das Kommando der 38. Infanterie-Brigade in Budweis zurück und trat über dringenden Rat des Kaisers, vor allem aber seines Leibarztes, Dr. Victor Eisenmenger, einen längeren Krankenurlaub an.

Nach langen Beratungen erklärte sich der Thronfolger bereit, den Sommer auf der Mendel bei Bozen zu verbringen und anschließend für einige Wochen nach Lussin zu gehen. Eisenmenger hatte gerade diese Adriainsel wegen ihrer wunderbaren, reinen Luft und des stabilen Schönwetters empfohlen. Anfang September 1895 traf Franz Ferdinand in Lussinpiccolo ein und nahm in der kleinen, aber erstklassig geführten Pension Dr. Veth an der »Riva Arciduco Francesco Ferdinando« Quartier. In einer versteckten, windgeschützten Bucht – so berichtet Eisenmenger – wurde in einem Olivengarten am Strand ein Platz mit Liegestühlen und Strandkörben reserviert. Dort verbrachte der Erzherzog, abgeschirmt von den neugierigen Blicken der Spaziergänger, den

wir in die Gasse eingetreten waren, war heftiges Husten zu vernehmen, worauf der Kronprinz, nach beiden Seiten grüßend, das Marschtempo beschleunigte. Je weiter dieser vordrang, desto mehr Leute husteten. Der Husten wurde so heftig und allgemein, daß der Kronprinz im Schnellschritt, seinen Vordermann vor sich herschiebend und zur Eile anspornend, das verseuchte menschliche Doppelspalier passierte. Als er das Ende desselben erreicht hatte, rief er aus: ›Hier ist ja eine schreckliche Keuchhustenepidemie‹, er besichtigte daraufhin nur flüchtig die Insel und kehrte ohne jagdlichen Erfolg nach dem Hafen zurück.«

Geradezu ins Rampenlicht der österrei-

Großteil des Tages, lesend, briefschreibend – und sich grenzenlos fadisierend. Jede körperlich und geistig einigermaßen anstrengende Tätigkeit war ihm strengstens untersagt, was den arbeitswütigen, ungeduldigen Mann noch nervöser und reizbarer machte. Tief verletzt fühlte er sich darüber, daß man ihn in der Residenz offensichtlich bereits als toten Mann betrachtete und seinem Bruder, dem feschen und lebenslustigen Erzherzog Otto, schon die Vorrechte eines künftigen Thronfolgers einräumte. Gierig verschlingt er alle Nachrichten aus Wien und Budapest und verfolgt kritisch das politische Geschehen. In einem Brief an den Kaiser empört er sich darüber, daß in Ungarn die Zivilehe eingeführt wurde, was er als Katholik nicht gutheißen könne.

Die erzwungene Langeweile wurde nur hie und da durch eine Schiffsreise unterbrochen. Die Kriegsmarine hatte zur Verfügung des Thronfolgers die große Segeljacht »Lilly« und einen »Tender«, ein kleineres Versorgungsschiff, nach Lussinpiccolo beordert, mit denen, so das Wetter es zuließ und die See ruhig war, kurze Rundfahrten unternommen wurden. Eigentümlicherweise war nämlich Franz Ferdinand, obwohl er das Meer sehr liebte und schon eine Weltreise hinter sich hatte, keineswegs seefest. Dr. Eisenmenger erinnert sich: »Die ›Lilly‹ wurde ein einziges Mal klargemacht. In einer zweistündigen Fahrt im Hafen bei wunderschönem Wetter und Windstille legte die ›Lilly‹ ein paar hundert Meter zurück. Der Erzherzog war sehr gut aufgelegt, kaufte von einem vorbeirudernden Trabakel einen wunder-

schönen Trabakelspitz um drei Gulden, machte ihn der Mannschaft zum Geschenk und forderte die Leute auf, ihm einen Namen zu geben. Er wurde ›tre fiorin‹, ›Drei-Gulden-Hund‹, genannt wegen des unerhört hohen Preises. Auf dem Tender wurden einige kleinere Ausflüge gemacht, nach Sansego, Arbe, Ossero, Cherso. Der Erzherzog interessierte sich sehr für Land und Leute und wünschte die Erinnerung daran festzuhalten. Ich ließ ihm einen jungen Maler aus Wien kommen, Josef Jungwirth, den jetzigen Professor an der Wiener Kunstakademie. Von ihm erhielt der Erzherzog eine ganze Sammlung reizender Skizzenblätter, besonders aus Arbe, wo sich der Künstler

*Kronprinz Rudolf (oben Mitte) auf dem Monte Ossero, Lussin. 13. März 1887.*

längere Zeit aufhielt. Meines Wissens sind sie nach Konopischt gebracht worden und dort wohl mit allem anderen der tschechoslowakischen Republik anheimgefallen, auf dem Wege der ›Enteignung‹, wie der euphemistische Terminus technicus lautet.«

Die ärztlichen Bulletins nach Wien waren durchaus optimistisch. Der Leibarzt meldete, daß die Genesung seines hohen Patienten gute Fortschritte mache, das hektische Fieber nahezu verschwunden sei und sogar eine Gewichtszunahme zu verzeichnen wäre. Und so geschah das tatsächlich Unerwartete, daß der todkrank gewesene Thronfolger nach einem an-

schließenden Winter in Ägypten im folgenden Frühjahr wieder gesund in die Hauptstadt zurückkehrte, körperlich fit, braungebrannt und energiegeladen. Es war natürlich nicht ausschließlich die Kur auf Lussin allein, die seine Wiederherstellung bewirkt hat, aber das dortige Klima hat zweifellos sehr viel dazu beigetragen, und Franz Ferdinand war gewissermaßen der Paradepatient dieses adriatischen »Rehabilitationszentrums« – wenn dieser Ausdruck damals schon gebräuchlich gewesen wäre.

Nachdem schon in den achtziger Jahren ein Erholungsheim für gesundheitsgefährdete Wiener Großstadtkinder gegründet worden war, öffneten nach 1903 mehrere Sanatorien in Lussinpiccolo und Lussingrande ihre Pforten. Dann allerdings, noch vor 1914, verlagerte sich das Schwergewicht des Fremdenverkehrs auf Lussin ganz plötzlich in eine andere Richtung. Nicht mehr Liegekuren und ärztliche Ratschläge waren gefragt, sondern Wassersport, Licht, Luft und Sonne. Die Zeiten, da die Damen mit aufgespanntem Sonnenschirm, Hutschleier und Fächer jeden Sonnenstrahl abwehrten, waren vorbei. Die »interessante Blässe« war nicht mehr gefragt. Jetzt begann man das gesunde, sportliche Aussehen, den goldbraunen Teint zu pflegen.

Die Nachkriegsentwicklung kam dieser Trendumkehr sehr entgegen. Nach 1918 fiel die Insel an das Königreich Italien, und eine der ersten Verfügungen der neuen Herren untersagte es den Zimmervermietern, Lungenkranken Quartier zu geben. So wurden aus den traditionellen

Klimakurorten Lussinpiccolo und Lussingrande Seebäder, die aber in der neuen
Ära gar nicht so glänzend florierten, weil
die Konkurrenz der alten italienischen
Badeorte zu groß war. Die Hoteliers
hatten in dieser Zeit schwer zu kämpfen,
und so manches Haus mußte schließen,
weil sich seine Weiterführung nicht mehr
rentierte. Die letzte Lungenheilanstalt
wurde 1929 geschlossen.

Obwohl schon mehr als 60 Jahre vergangen sind, seit vom Rathaus in Lussinpiccolo die rotweißroten und schwarzgelben
Fahnen eingeholt wurden, sind noch lange
nicht alle Spuren Altösterreichs auf der
Insel verwischt. Ein in Schönbrunnergelb
gestrichenes Haus, heute natürlich seiner
früheren Bestimmung als nobler Sommer-
sitz schon längst entzogen, mag als besonderes Beispiel dienen: die prachtvolle Villa
»Carolina« an dem wahrscheinlich schönsten Platz auf Lussin, in der Bucht von
Čicat, die Kaiser Franz Joseph für die
»gnädige Frau«, die Hof-Burgschauspiele-
rin Katharina Schratt, erbauen ließ. Sie ist
ganz leicht zu finden in nächster Nähe des
modernen Hotelriesen »Bellevue«.

# Brioni

## Das Imperium des Herrn von Kupelwieser

Die Idee, aus der verwilderten, malaria-verseuchten Adriainsel Brioni ein blühendes Eiland zu machen, wurde 1893 ausgerechnet in der Chef-Etage der Witkowitzer Eisenwerke bei Mährisch-Ostrau geboren. Zwar nicht von Baron Albert Rothschild, dem Besitzer dieses größten Metallwerks der Monarchie persönlich (der für dieses anscheinend dubiose Unternehmen vermutlich nicht eine Krone bezahlt hätte), sondern von seinem Generaldirektor Paul Kupelwieser, dem berühmten Sohn eines noch berühmteren Vaters, des Wiener Biedermeiermalers und Schubertianers Leopold Kupelwieser. Der Herr von Kupelwieser, wie der durchaus bürgerliche Mann allgemein tituliert wurde, war eben 50 Jahre alt geworden, hatte es zu ansehnlichem Vermögen gebracht und wollte seine Tätigkeit als Industrie- und Finanzmanager aufgeben, allerdings nicht, um sich zur Ruhe zu setzen, sondern einen langgehegten Vorsatz zu verwirklichen, »nach dem österreichischen Süden zu reisen, um dort nach einem großen Stück Land zu suchen«, dem er die Sorge und Arbeit seines Alters zuwenden wollte. Als ihm durch die Vermittlung eines Triestiner Freundes Brioni zum Kauf angeboten wurde, griff er rasch entschlossen zu und erwarb die Insel um 75.000 Kronen, einem verhältnismäßig hohen Betrag. Die letzten Vorbesitzer waren die venezianische Adelsfamilie Francini, die nach Portugal ausgewandert war, und ein Grundstücksspekulant, der den Kaufpreis unverschämt in die Höhe trieb.

Bevor noch das Geschäft perfekt gemacht wurde, besichtigte Kupelwieser eingehend die Insel. Was er vorfand, war freilich alles andere als vertrauenerweckend. Der kleine Hafen war völlig versumpft, so daß selbst Fischerboote nur bei Flut, auf dem Schlamm dahingleitend, einfahren konnten. Die wenigen Gebäude, wohl auf den Grundmauern mittelalterlicher Befestigungen errichtet, waren halbzerfallen, ohne Fenster, nahezu unbewohnbar. In einem dieser armseligen Häuser hauste ein »Fattore«, ein Verwalter, obwohl es eigentlich nichts mehr zu verwalten gab. Seine Tätigkeit beschränkte sich mehr oder weniger darauf, die im Winter »aus dem Venetianischen wie Wandervögel einfallenden Holzarbeiter zur Not mit Lebensmitteln und Wein zu versorgen«. Ansonsten gab es auf der Insel noch zu sehen: eine kleine, dem heiligen Germanus geweihte Kirche, den breiten Turm eines alten Kastells, Ruinen und Säulen römischer Tempel und Villen, und ungeheure, bis an das Meer heranreichende Steinhalden, die Reste der einstmals berühmten Brionischen Steinbrüche, die schon 1530 Josephus Faustinus in seiner »Geographie Istriens« erwähnt: »Die Insel trägt einen ansehnlichen Ort, dessen Bevölkerung einen regen Steinbruchbetrieb unterhält, der wertvolles Baumaterial nach Venedig liefert.« Dreihundert Jahre später war alles dicht von Macchien überwuchert, undurchdringlichem Gestrüpp, und verseucht von Myriaden von Moskitos. Oft genügte ein mehrstündiger Aufenthalt auf Brioni, um sich eine schwere, oft tödlich verlaufende Malaria zu holen. Ein jeder andere wäre wahrscheinlich angesichts dieser trostlosen Zustände erschreckt vom Geschäft zurückgetreten. Nicht so der unternehmungslustige Kupelwieser, obwohl ihm klar war, daß ein Vielfaches des ohnedies hohen Kaufpreises notwendig sein werde, die Insel einigermaßen »gesund, fruchtbar und in ihrer Vegetation auch schön zu gestalten«. Daß für dieses, seine zweite Lebenshälfte zur Gänze ausfüllende Werk auch Verstand, Ausdauer und Liebe vonnöten sein würden, war für ihn selbstverständlich. Als vorsichtiger Geschäftsmann erkundigte er sich sogleich, ob die Marine die Insel nicht eines Tages wegen der Nähe des Kriegshafens Pola als Stützpunkt oder dergleichen beanspruchen werde. Vizeadmiral Baron Sterneck, damals Kommandant der österreichisch-ungarischen Kriegsmarine, beruhigte ihn: Brioni käme nur als zweites Jagdrevier für den jeweiligen Hafenadmiral von Pola in Frage. Da dieser aber ohnehin ein schönes Revier im sogenannten Kaiserwald bei Pola habe, wäre diese Frage nicht aktuell. Sollte tatsächlich einmal die Notwendigkeit bestehen, Außenbefestigungen auf der Insel anlegen zu müssen, werde man sich über die Bedingungen leicht einigen können.

So also lagen die Dinge, als Paul Kupelwieser die »Herrschaft« über Brioni antrat. Die ersten Arbeiten galten der radikalen Entrümpelung der Insel und der Aufforstung. Hier schon zeigten sich die glückliche Hand und die sichere Menschenkenntnis des neuen Besitzers. Eine bezeichnende Geschichte ist damit verbunden: Kupelwieser war nach Triest gefahren, um in der Statthalterei mit dem

Brioni. Hafen und „Hotel Neptun". Um 1912.

zuständigen Referenten für Forstangelegenheiten wegen der Anstellung eines Fachmannes zu reden. Während der langen Wartezeit im Vorzimmer kam er mit dem Amtsdiener ins Gespräch, und dieser empfahl ihm sehr eindringlich einen jungen Forstgehilfen aus Albona. Er schilderte dessen große Fähigkeiten und Vorzüge in so leuchtenden Farben, daß Kupelwieser sich überreden ließ, auf die Vorsprache bei dem Statthaltereibeamten zu verzichten (»bei dem hätten S' sowieso nix erreicht«, meinte der Amtsdiener). Kurzentschlossen beschied er den jungen Mann namens Alois Zuffar zu sich, und da dieser wirklich einen guten Eindruck machte, engagierte er ihn vom Fleck weg. Der Mann erwies sich als eine Perle. Er

*Paul Kupelwieser.*
*Privatfoto.*

scheidenen 14 Zimmern erbaut. Obstkulturen und Weingärten waren angelegt, Zehntausende, in der eigenen Baumschule gezogene Bäumchen versetzt, ein Straßennetz von nahezu 50 Kilometern war trassiert und der Hafen ausgebaggert, damit auch Dampfschiffe mittlerer Größe einlaufen konnten. Ein Postschiff aus Pola besorgte den täglichen Brief- und Paketverkehr, sogar eine eigene Telegraphenleitung war gelegt. Für den Gütertransport ließ Kupelwieser, von dem seekundigen Erzherzog Carl Stephan fachlich beraten, eine Dampfjacht in der Werft von Lussin erbauen, später dazu noch ein Spezialschiff für den Transport von Süßwasser. Seiner großen Vorliebe für technische Neuerungen folgend, ließ er ein Dieselmotorschiff für den Personenfährdienst bauen, für welches die Grazer Waggon- und Maschinenfabrik den Antriebsmotor lieferte. Es war das erste Schiff der Welt mit Dieselantrieb.

Ein Problem war noch nicht bewältigt: Nach wie vor war die Insel von der tückischen Malaria nicht befreit. In seiner Bedrängnis wandte sich Kupelwieser, der genau wußte, daß all seine bisherige Mühe umsonst sein werde, wenn nicht diese Krankheit gänzlich zum Verschwinden gebracht werden könne, an den damals schon weltberühmten Bakteriologen Robert Koch. In einem nach Berlin gesandten Brief, datiert mit 18. November 1900, bat er um Hilfe: »... Der geringe Umfang des Terrains, die geringe Zahl der auf demselben lebenden Menschen (200 bis 300), die Isolierung von dem ebenfalls von der Malaria belästigten Festland durch ein

verfügte über ein hervorragendes Fachwissen, war umsichtig und ehrlich und diente der Familie Kupelwieser als Güterdirektor bis zu seinem Tode.

Den natürlichen Gegebenheiten entsprechend, wurde die Insel in zwei Sektoren eingeteilt: An der Westseite, von der kalten Bora weitgehend geschützt, sollte das Erholungszentrum mit immergrünen Parkanlagen und Gärten entstehen, während auf der dem Festland zugekehrten Ostseite die Gutsverwaltung mit den Wirtschaftsgebäuden ihren Sitz haben sollte. Nach sechs Jahren musterhafter Kolonisationsarbeit war der uralte Schutt vergangener Generationen weggeräumt, der Großteil des verwilderten Buschwerks beseitigt und der erste Gasthof mit be-

2 bis 3 Kilometer breites Meer scheinen mir lauter Umstände, welche Brioni besonders befähigen, experimentalen Zwekken zu dienen. Dies gibt mir den Mut, Ihnen, sehr geehrter Herr Professor, nahezulegen, Brioni zu experimentalen Zwekken zu benützen, da hier vielleicht leichter und schneller als anderswo ein positives Resultat erzielt werden könnte.«

Bereits acht Tage nach Erhalt des Briefes traf Professor Koch mit zwei Assistenten auf der Insel ein und begann sogleich eine großangelegte Reihenuntersuchung durchzuführen. Die Blutproben ergaben, daß tatsächlich 25 Prozent der Inselbewohner, darunter Kupelwieser selbst, malariakrank waren. Alle Erkrankten ließ Koch einer peinlich genau überwachten Chininkur unterziehen. Neuerliche Blutuntersuchungen folgten, und binnen eines Jahres wußte er, daß seine Behandlungsmethode von Erfolg gekrönt war. 1901/02 gab es keine einzige Neuerkrankung mehr, zum ersten Male seit Menschengedenken war der Aufenthalt auf Brioni ungefährlich geworden! Freilich, um jedes Risiko zu vermeiden, mußten sich die Landarbeiter des Kupelwieserschen Gutsbetriebes weiterhin in den Sommermonaten einer prophylaktischen Chininkur unterziehen.

Die von Professor Koch so kühn und groß angelegte Sanierung wurde in medizinischen Kreisen mit Aufmerksamkeit verfolgt, Fachzeitschriften in aller Welt bezeichneten den Erfolg als ein glänzendes Resultat der modernen Forschung. Tatsächlich haben sich keinerlei Anzeichen dieser Krankheit mehr gezeigt. Der dank-

*Professor Robert Koch. Privatfoto.*

bare Kupelwieser ließ dem großen Gelehrten und Arzt in einem aufgelassenen venezianischen Steinbruch an der Ostseite der Insel von dem Wiener Bildhauer und Maler Josef Engelhart ein würdiges Denkmal errichten: ein in der Felswand eingelassenes großes Hochrelief, darstellend ein junges Mädchen, das die Herme Kochs bekränzt.

Brioni malariafrei bekommen zu haben und es bei einiger Aufmerksamkeit auch malariafrei erhalten zu können, war für die Adriainsel ein Ereignis von enormer wirtschaftlicher Bedeutung. Kupelwieser erkannte, daß ein von der Natur so reich bedachtes und nun endlich von der hysterischen Malariafurcht befreites Stück Land für den rationellen Ausbau des

*Brioni. Hafen und Anlegestelle der Fährschiffe von Pola. Vor 1914.*

Fremdenverkehrs geradezu geschaffen war. Während er bisher seine Arbeit der Kultivierung der Insel widmete und die Bautätigkeit sich mit Ausnahme einer Herrschaftsvilla nur auf Wirtschafts- und Verwaltungsgebäude, Arbeiterwohnhäuser, Werkstätten, Stallungen und einen kleinen Gasthof beschränkte, begann um 1903 eine neue Ära, gewissermaßen die zweite Ausbaustufe: die Ausgestaltung Brionis zum Kurort.

Nacheinander entstanden große Hotelbauten, alle der Luxuskategorie oder der feinbürgerlichen Mittelklasse zuzuzählen, mit prächtigen Fassaden und betont wohlklingenden Namen, wie »Neptun«, »Riviera«, »Carmen« und »Grand Hotel Brioni«. Anstelle eines mürrischen Padrone begrüßten Empfangschefs und adrett adjustierte Pagen die Gäste, ein gutgeschultes Personal das immer zahlreicher anreisende vornehme Publikum. Der erste Sommergast im neuerrichteten »Hotel Neptun« war die Erzherzogin Maria Josepha, die Schwägerin des Thronfolgers Franz Ferdinand und Mutter des letzten Kaisers. Kupelwieser ließ auch mehrere Privatvillen erbauen, die er über die Saison an Familien aus Wien und Budapest vermietete. Auf einer Landzunge an der Ostküste entstand ein Seebad mit herrlichem Sandstrand von bisher unbekannten Dimensionen.

Mit 180 Kabinen, mit Sonnenterrassen und Spielplätzen war es zu dieser Zeit nicht nur das größte Seebad zwischen Triest und Fiume, sondern auch das vornehmste – behauptet zumindest ein Reiseführer von 1910.

Kupelwiesers ehemalige Kollegen aus der Eisenbranche besuchten ihn häufig auf Brioni und nahmen lebhaften Anteil an seiner Arbeit, insbesondere sein Freund Karl Wittgenstein, Sproß der bekannten Industriellenfamilie. Zwei andere Freunde, die Fabrikanten Weinberger und Feilchenfeld, kauften Grundstücke auf der Insel und bauten sich eigene Ferienhäuser. Ihren nichtsahnenden Ehegattinnen erzählten sie, Kupelwieser hätte ihnen die Villen auf Grund einer verlorenen Wette um nur je eine Krone verkauft. Als der Schwindel aufflog, gab es zunächst schwere eheliche Auseinandersetzungen. Angesichts der herrlichen Lage der Häuser – die beiden Frauen hatten die Trauminsel Brioni bis dahin nicht gesehen gehabt – war aber der Zorn bald verraucht. Die Geschichte sprach sich rasch herum, und bald lachten halb Mährisch-Ostrau und Brünn über die Ein-Kronen-Villen an der blauen Adria.

Mit dem Fremdenzustrom wurde auch der Süßwasserbedarf immer größer. Da aber Brioni so gut wie keine Quellen hat, und das Zisternenwasser sowie das mittels Transportschiffen vom Festland überführte Süßwasser nicht mehr ausreichte, kaufte Kupelwieser in der Nähe der Ortschaft Gallesano nördlich von Pola ein »Höhlensystem«, das reichlich Wasser von guter Qualität besaß, das er in einer Rohrleitung nach Brioni pumpen ließ. Die Anlage war für damalige Zeiten eine technische Meisterleistung, verschlang allerdings auch ein kleines Vermögen. Allein der submarine Teil der Wasserleitung war 3,2 Kilometer lang. Wieder hatte Kupelwieser als wagemutiger Unternehmer gezeigt, wie man einem schwierigen Problem entgegen vielen skeptischen Stimmen aus eigener Initiative zu Leibe rückt. Jedenfalls ist Brioni seit damals mit bestem Quellwasser reichlich versorgt.

Die jahrelange Kulturarbeit auf der Insel hatte eine wertvolle Nebenwirkung: sie ermöglichte der Altertumsforschung, genauere Kenntnis über die vorchristliche Besiedlungsperiode zu gewinnen. Die antiken Ruinen bildeten als ungelöste Rätsel den Ausgangspunkt ausgedehnter Grabungen, die ab 1900 unter wissenschaftlicher Leitung vorgenommen wurden. In der Bucht von Catena wurde ein großer römischer Villenkomplex mit einer Vielzahl von Objekten verschiedenster Art und Bestimmung freigelegt. Da gab es einen heiligen Bezirk mit Tempelbauten, Wohnhäuser mit guterhaltenen farbigen Mosaikböden, eine »villa rustica« und einen antiken Meierhof. Großes Interesse

BRIONI INSEL-ZEITUNG

ILLUSTRIERTE WOCHENSCHRIFT

Preis ganzjährig K 10.—                    Einzelnummer K —.30

III. Jahrgang. Nr. 9. | Die **Brioni-Insel-Zeitung** erscheint von Mitte Februar bis Ende Oktober allwöchentlich, die übrige Zeit monatlich :: **Redaktion in Brioni grande.** (Unverlangten Manuskripten ist stets ausreichendes Rückporto beizufügen.) | 31. März 1912.

*Titelblatt der Brioni-Insel-Zeitung.*

erregte eine Weinkellerei mit Kelterboden, Mostbassin und Gärkeller und mehreren 15 Hektoliter fassenden Tonfässern, Meisterwerke römischer Keramik. In einem anderen Meierhof auf der Höhe des Monte Collisi legte man eine komplette Ölpresse frei.

Auch spätere Epochen haben ihre Spuren hinterlassen. So sind aus frühchristlicher Zeit die Ruine der Basilika Santa Madonna übriggeblieben, aus der Zeit der päpstlichen Herrschaft Bruchstücke großer Steinsarkophage, Grabsteine und Reste von Kapellenbauten. Kupelwieser, der Emsige, förderte mit allen Kräften die Bergung und Sichtung dieser wertvollen Überreste.

Es ist erstaunlich, daß diesem vielseitigen Unternehmer, der damals ja nicht mehr zu den Jüngsten zählte und eigentlich schon im Pensionsalter stand, neben seinen Tätigkeiten als Großgrundbesitzer, Chef einer Hotelkette, Schiffseigner usw. noch

*Promenade in Brioni.*
*Um 1905.*

Kupelwieser mit seinem weitverzweigten Freundeskreis kannte auch den Hamburger Tierzüchter und Zirkusdirektor Carl Hagenbeck. Über Einladung kam dieser nach Brioni und lernte dort die hervorragenden Umweltbedingungen kennen. Er war überzeugt, daß man auf der Insel ebenso exotische Tiere züchten könne wie in seinem zoologischen Garten in Stellingen bei Hamburg. Mit der Einwilligung seines Gastgebers siedelte er 1911 auf einem ausgedehnten Wiesengrundstück »200 der merkwürdigsten Vögel«, darunter afrikanische Strauße, Flamingos und Wildgänse, an. Seine Agenten und Einkäufer beauftragte er, alles, was an kleinen Antilopenarten zu beschaffen sei, nach Brioni zu verfrachten und dort auszusetzen. Weiters hatte Hagenbeck vor, Zebras und Affen, Steinböcke, Wildschafe und Stachelschweine einzuführen, zuletzt sogar Eisbären, für welche Kupelwieser in einer Bucht ein Stück Uferland absperren ließ, damit die Tiere dort ein natürliches Bassin mit Steininseln, Schlupfwinkeln und Höhlen vorfinden. Mit einem Wort, Brioni sollte ein Wildlife-Park im Adriatischen Meer werden, eine europäische Attraktion besonderer Art. Dazu ist es aber nicht mehr gekommen. 1913 starb Carl Hagenbeck, und ein Jahr später machte der Kriegsausbruch jede Weiterführung des interessanten Projektes unmöglich.

Wer vor 1914 auf der Insel seinen Urlaub verbrachte, mußte nicht befürchten, sich zu langweilen. Für jeden Geschmack, für jedes Alter und jede Laune war vorgesorgt. Sämtliche Sportarten konnten be-

Zeit und Muße für künstlerische und wissenschaftliche Aktivitäten blieb. Wenig bekannt ist auch, daß er sich literarisch betätigte. Er übersetzte aus dem Englischen, das er perfekt beherrschte, das Werk des von ihm hochgeschätzten amerikanischen Historikers und Politikers Andrew Dickson White »Sieben große Staatsmänner im Kampfe der Menschheit gegen Unvernunft (Sarpi – Grotius – Thomasius – Turgot – Cavour – Freiherr von Stein – Bismarck)« ins Deutsche.

94

trieben werden, fast täglich fanden während der Saison gesellschaftliche Veranstaltungen statt, die in der »Brioni-Inselzeitung« angekündigt wurden. Die Regimentskapelle des k. u. k. Infanterie-Regiments Freiherr von Succovaty Nr. 87 aus Pola konzertierte dreimal pro Woche, an Sonntagen sogar bis um Mitternacht. Automobile und Fiaker standen für Spazierfahrten parat, Motorboote und Segelbarken waren für Ausflüge nach »Brioni minore« und die 12 anderen winzigen Inseln des Archipels für einen Spottpreis zu mieten. Wer die Einsamkeit suchte und sich von den Geschäften oder einem strapaziösen Privatleben daheim erholen wollte, konnte in den abgelegenen idyllischen Buchten stundenlange Spaziergänge machen, ohne auch nur einer einzigen Menschenseele zu begegnen. Bestimmt wird kein Fremder es verabsäumt haben, den Sonnenuntergang an der Westküste, vom Val Madonna aus, in seiner unerhörten Farbenpracht zu beobachten, wenn die riesige feuerrote Scheibe der Sonne im tiefblauen Meer versinkt.

*Brioni. Römische Ausgrabungen. Aufnahme etwa 1912.*

95

**INSEL
BRIONI-
WEINE**

ZENTRAL - KELLEREIEN:
INSEL BRIONI i. d. ADRIA

**SPEZIAL-MARKEN
BRIONI-RIESLING
BRIONI WIE BORDEAUX**

PREISLISTEN AUF VERLANGEN DURCH DAS
KELLERAMT DER GUTSDIREKTION BRIONI

2677 Übernachtungen gezählt. Die Hälfte davon entfiel auf Wiener Gäste (das war sehr viel, gemessen an anderen Adria-orten), 10 Prozent kamen aus Graz, 30 Prozent aus den übrigen Teilen Öster-reich-Ungarns und die restlichen 10 Pro-zent aus dem Ausland, vornehmlich aus Deutschland.

Ebenso erfreulich wie die Fremdenver-kehrsstatistik war der nicht ganz so exakt nachzuweisende gute Ruf der Brionischen Gastronomie, welcher sogar der Baedeker durch zwei Sterne seine Anerkennung zollte. Selbst ein so anspruchsvoller und ganz und gar nicht leicht zufriedenzustel-lender Gast, wie es der Erzherzog Franz Ferdinand war, fühlte sich wohl und kam »alljährlich, meist zu vierwöchigem Auf-enthalt auf die vielgerühmte Insel in der Nähe des Kriegshafens Pola«, wie der Vorstand der Militärkanzlei des Thron-folgers, Oberst Dr. Bardolff, bestätigt. Auch am 10. März 1910 weilte Franz Ferdinand hier, als ihn die telegraphische Nachricht erreichte, daß ein anderer Gön-ner Brionis, der von ihm hochgeschätzte Wiener Bürgermeister Dr. Karl Lueger, gestorben sei.

Nach dem Zerfall der Donaumonarchie fiel Brioni als Erbstück an das Königreich Italien. Paul Kupelwieser hat den Zusam-menbruch nicht lange überlebt, er starb kurze Zeit später, 1919, im Alter von 76 Jahren. Sein Tod bewahrte ihn davor, den sich schon abzeichnenden Existenzkampf noch miterleben zu müssen, den sein Sohn und Erbe Karl Kupelwieser führen mußte. Die Italiener waren, ebenso wie in Abba-zia oder Lussin, an der Förderung des

Man schätzte vor dem Ersten Weltkrieg, daß jährlich annähernd 50.000 Touristen auf den Kupelwieserschen Fährschiffen und den Dampfern der »Istra-Trieste« nach Brioni kamen. Eine genaue Statistik führte man damals noch nicht, man be-schränkte sich auf die Registrierung län-ger verweilender Kurgäste. 1912, in einer durchschnittlich guten Saison, wurden

96

Brionischen Fremdenverkehrs nicht sehr interessiert, die allmählich heraufziehende Weltwirtschaftskrise der dreißiger Jahre tat das übrige. Der Gutsbetrieb und die Hotels gerieten in finanzielle Schwierigkeiten. Am 8. November 1930 setzte Karl Kupelwieser seinem Leben freiwillig ein Ende. Ob die Sorgen gar zu drückend geworden waren oder ob ihn ein anderes persönliches Ungemach dazu getrieben hat, wurde nie geklärt.

Eine ganze Menge alter Stammgäste aus besseren, sorgloseren Tagen bewahrte trotz Wirtschaftskrise und neuer Staatsgrenzen Brioni die Treue, alte Liebe rostet ja bekanntlich nicht. Das längste Liebes-verhältnis mit der Insel ist jedoch viel jüngeren Datums: Nach dem zweiten großen Krieg erkor Jugoslawiens Staatschef Marschall Tito Brioni zu seinem bevorzugten Feriensitz an der Adria, wo er nicht nur Erholung suchte, sondern auch einen Teil seiner Geschäfte erledigte. Staatsmänner und Politiker aus Ost und West waren hier zu Gast, die ehemaligen großen Ferienhotels wurden als Gästehäuser eingerichtet, wo politische und militärische Persönlichkeiten auf eine Audienz beim »Chef« warteten. Gewöhnlich Sterblichen jedoch blieb das Inselparadies verschlossen – es war ein streng bewachtes Sperrgebiet geworden.

*Erzherzog Franz Ferdinand und seine Gemahlin, Herzogin von Hohenberg, auf der Insel Brioni. 1913.*

97

# Die Bucht von Triest

## Küstenländische Reminiszenzen

Ob die Badeorte in der Bucht von Triest, wie etwa Portorose oder Grado, der ehemaligen »österreichischen Riviera« zuzuzählen sind oder nicht, darüber gehen die Meinungen auseinander. Vom Sachlichen her gehörten sie selbstverständlich dazu, nicht jedoch dem Sprachgebrauch nach. Hier gab es einst einen feinen Unterschied. Die immer weniger werdenden Altösterreicher, welche die Zeit der Monarchie noch bewußt erlebt haben, behaupten nämlich: Wer früher einmal nach Grado reiste, der reiste eben »nach Grado«; wer nach Portorose reiste, eben »nach Portorose«; wer jedoch seinen Urlaub in Abbazia oder auf Lussin verbrachte, der fuhr »an die Riviera«. Mit anderen Worten: Als österreichische Riviera im engeren Sinne galten unter den k. u. k. Küsten-Habitués nur die Badeorte am Quarnero. Warum das so war und weshalb man diesen Unterschied machte, kann man heute nicht mehr klären.

Wir wollen es aber nicht so genau halten und trotz eines sich vielleicht regenden Widerspruches auch von jenen bekannten österreichischen Adriaorten berichten, die nicht am Quarnero lagen, sondern an der Bucht von Triest. Von der Geschichte der küstenländischen Metropole Triest war schon früher die Rede, nicht aber von zwei markanten Punkten in der unmittelbaren Umgebung der Stadt: den Schlössern Miramare und Duino.

Miramare, der vielgerühmte »Kaisertraum am Meer«, wurde von dem italienischen Dichter und Kämpfer für das Risorgimento Giosuè Carducci folgendermaßen pathetisch besungen:

»Brüllen bedrängt die ganze Wut der Wogen
Diese Bastei auf nacktem Felsensteine,
Wo sich des Meeres Anblick zweifach bietet
Dir, Habsburgs Festung...«

Inniger und gefühlvoller sind die Verse des romantischen, phantasiebegabten Bauherrn des Schlosses, Erzherzog Ferdinand Maximilian:

»Aus blauer Flut zum Himmelsblau
In Blütenduft emporgestiegen,
Ist Miramar ein Märchenbau,
Des Dichters Herz in Lust zu wiegen.«

Schon die Entstehung des Schlosses hat etwas Legendenhaftes an sich: Im Jahre 1855, an einem Herbstnachmittag, kreuzte Ferdinand Maximilian mit einem kleinen Segelschiff der Kriegsmarine, der »Madonna della Salute«, vor Triest und wurde von einer plötzlich auftretenden starken Bora gezwungen, in der Bucht von Grignano Zuflucht zu suchen. Die Nacht verbrachte er in der bescheidenen Behausung eines Fischers. Bei Sonnenaufgang des nächsten Tages bezauberte ihn die Schönheit der Bucht und der vorspringenden Landspitze derart, daß er auf der Stelle den Entschluß faßte, hier seinen künftigen Wohnsitz aufzuschlagen.

Erzherzog Ferdinand Maximilian, der um zwei Jahre jüngere Bruder Kaiser Franz Josephs, war einer der begabtesten habsburgischen Prinzen. Als neunzehnjähriger Jüngling trat er – der sich selbst als einen »enthusiastischen Seemann« bezeichnete – in die Marine ein, und wie der Zufall es

EQUIDAD    EN LA    JUSTICIA

*Kaiser Max und Kaiserin*
*Charlotte von Mexiko.*

wollte, begann er seinen Dienst auf jener Fregatte »Novara«, die ihn 1864 nach Mexiko bringen sollte und auf der sein Leichnam vier Jahre später von Tegetthoff wieder in die Heimat zurückgeführt wurde. 1854, im Alter von 22 Jahren, ernannte ihn sein kaiserlicher Bruder zum Konteradmiral und Marinekommandanten. Mit jugendlichem Elan und einer gehörigen Portion Begeisterung stürzte er

sich in seine Aufgabe. Tatsächlich wurde der Erzherzog-Admiral – wie sein Biograph Friedrich Wallisch schreibt – für die österreichische Seemacht der wertvollste Förderer, den sie im 19. Jahrhundert besaß. 1857 erfolgte seine Ernennung zum Generalgouverneur des Lombardisch-Venezianischen Königreiches (»der schönsten Provinz des Kaisers«) anstelle des bejahrten Feldmarschalls Radetzky, und

*Schloß Miramare. Abreise von Ferdinand Maximilian und Charlotte nach Mexiko am 14. April 1864. Ölgemälde eines unbekannten Künstlers.*

mit ihm übersiedelte auch das Marinekommando vorübergehend von Triest nach Mailand.

Ferdinand Maximilian, der sich schon als Knabe sehnlichst »ein schönes Haus und einen großen Garten am Ufer des Meeres« gewünscht hatte, erfüllte sich mit Schloß Miramare seinen Kindertraum. 1856 wurde mit dem Bau nach den Plänen des Wiener Architekten Carl Junker begonnen, und Ende 1860 war das Untergeschoß so weit bezugsfertig, daß der Erzherzog und seine Gemahlin Charlotte, eine Tochter des Königs Leopold I. von Belgien, am Weihnachtsabend dort einziehen konnten. Bis dahin diente ihnen das sogenannte »Castelletto« als Unterkunft, ein in aller Eile in Grignano errichtetes Schlößchen, wohin sich das erzherzogliche Paar nach dem unglücklichen Krieg von 1859 und

dem Verlust der Lombardei enttäuscht und vergrämt zurückgezogen hatte.

Der Bau des Schlosses war inzwischen seiner Vollendung entgegengegangen, die letzten Schlußarbeiten führte der Wiener Bildhauer und Hofdekorateur August La Vigne (allerdings erst 1871, nach dem Tode des Bauherrn) durch. Die prachtvolle Inneneinrichtung schuf mit großem Einfühlungsvermögen und unendlicher Geduld für die immer neuen Wünsche seines hohen Auftraggebers der Architekt Julius Hofmann, der später in die Dienste Ludwigs II. trat und beim Bau der bayrischen Königsschlösser tätig war.

Miramare wurde für den Habsburgerprinzen »der Tummelplatz seiner Phantasie«, meint der Wiener Autor Ernst Trost. »Das Schloß«, schreibt er, »konservierte alle Wunschvorstellungen, Leidenschaften und Komplexe Maximilians. Jeder Raum wird hier zum dankbaren Untersuchungsfeld für einen Psychologen: Das Fernweh und die Unruhe... spiegeln sich in seinem Schiffsmobiliar und den orientalischen Vasen und Skulpturen... Das Schloß mit Audienzsaal und Fürstenzimmer, Herrschergemälden und Heldendarstellungen war schon kaiserlich, bevor Maximilian noch eine Krone auf das Haupt gedrückt wurde.«

Am stärksten beeindruckt zeigen sich die Tausende Touristen, die alljährlich durch Schloß Miramare geschleust werden, vom »Novara-Saal«, einer getreuen Nachbildung des Quarterdecks der Fregatte »Novara«, dem Schicksalsschiff Ferdinand Maximilians, und von der kostbaren Bibliothek mit 7000 zum Teil von Charlotte persönlich ausgewählten Bänden und den Büsten von Homer, Dante, Shakespeare und Goethe. Vom historischen Standpunkt aus ist das Schlafzimmer mit den massiven Mahagonimöbeln, einem Geschenk der Mailänder Bürgerschaft an das junge Ehepaar, am bedeutungsvollsten. In diesem Raum empfing Ferdinand Maximilian am 3. Oktober 1863 die Deputation, die ihm die Kaiserkrone von Mexiko anbot, womit die Tragödie dieses sympathischen und von lautersten Absichten durchdrungenen, aber doch recht weltfremden Habsburgers begann.

Über die Gründe, die Ferdinand Maximilian bewogen, nach vier in Miramare glücklich verlebten Jahren das absurde mexikanische Abenteuer zu wagen und die Kaiserkrone eines total verschuldeten und in sich zerstrittenen Landes anzunehmen, ist viel geschrieben worden, ebenso über die unselige Verkettung der Umstände, die dazu geführt haben, daß Maximilian am 19. Juni 1867 nach kurzem Prozeß durch ein Erschießungskommando seines siegreichen Widersachers Benito Juarez füsiliert wurde. Es war im gleichen Jahr, als Johann Strauß den Walzer »An der schönen blauen Donau« komponierte und Karl Marx sein »Kapital« schrieb.

Die ganze Welt wußte, daß Napoleon III. und eine Anzahl gewissenloser Emigranten ihn in dieses Abenteuer hineinmanövriert hatten. Umso größer war daher die Empörung, als Charlotte, die 1866 nach Europa reiste und sich hilfeflehend an den französischen Kaiser wandte, von diesem brüsk zurückgewiesen wurde. Kurz darauf erschien sie in Rom beim Papst, und

hier brach die ehrgeizige, nun aber völlig verzweifelte Frau zusammen, verfiel in geistige Umnachtung und mußte nach Miramare gebracht werden. Die unglückliche Kaiserin-Witwe überlebte allerdings ihren Gemahl um 60 Jahre und starb erst 1927 in ihrer belgischen Heimat auf Schloß Boucottes.

Maximilian und Charlotte waren nicht die einzigen Bewohner von Miramare, dieser in »elfenbeinerner Schwermut eingehüllten Pracht« (wie es in Carduccis berühmter Ode heißt), die ein tragisches Ende genommen haben. Kronprinz Rudolf entleibte sich selbst, Kaiserin Elisabeth und der Thronfolger Erzherzog Franz Ferdinand und seine Gemahlin, die Herzogin von Hohenberg, fielen Mordanschlägen zum Opfer. Das Unheil setzte sich nach 1918 fort. 1942 starb der Herzog

*Erzherzog Ferdinand*
*Maximilian empfängt in*
*Miramare am 3. Oktober 1863*
*die Deputation, welche ihm*
*die Kaiserkrone von Mexiko*
*anbietet.*
*Gemälde von Cesare*
*dell'Acqua.*

Amadeus von Savoyen-Aosta, zuletzt Vizekönig von Abessinien, in einem britischen Kriegsgefangenenlager in Nairobi. Diesem Mitglied des italienischen Königshauses war 1931 als Kommandanten eines Artillerie-Regiments in Triest Miramare als Residenz zugewiesen worden. Nach dem Ende des Zweiten Weltkrieges bezogen als letzte offizielle »Hausherren« die amerikanischen Generäle Charles Moore und V. M. MacFadden das Schloß. Moore fiel später im Koreakrieg, und MacFadden, ein enger Freund Eisenhowers, verunglückte mit dem Auto bei Livorno tödlich.

Vorübergehende Gäste Miramares, Besucher und Freunde des Hauses, blieben glücklicherweise vor Unheil und Tod vor der Zeit bewahrt. So die Kronprinzessin-Witwe Stephanie, die sehr häufig und sehr gerne in Miramare weilte und hier sogar in der Schloßkapelle am 22. März 1900 in zweiter Ehe den ungarischen Grafen Elemér Lónyay heiratete. Kaiser Franz Joseph gratulierte von der Wiener Hofburg aus telefonisch. Es war, wie sein Leibkammerdiener Ketterl berichtete, das einzige Telefongespräch, zu dem der Kaiser je bewegt werden konnte.

Des öfteren erschien auch die Erzherzogin Maria Josepha mit ihren beiden Söhnen Karl Franz Joseph (dem späteren Kaiser Karl) und Max. Erzherzog Karls Vertrauter aus Kindheitstagen und nachmaliger Kabinettchef Arthur Graf Polzer-Hoditz war Gast der Familie und erzählt von einem sehr eigentümlichen Erlebnis: »Anläßlich eines Aufenthalts in Miramare lernte ich den ganz ungewöhnlich veranlagten Erzherzog Ludwig Salvator von Toskana kennen, der sich damals auf seinem Gut bei Triest [Villa Zindis bei San Rocco in der Bucht von Muggia – Anm. d. Verf.] aufhielt. Er war bekanntlich ein bedeutender Gelehrter, dessen meist anonym herausgegebene, von ihm selbst illustrierte Werke auf dem Gebiet der Mittelmeer- und Tiefseeforschung von großer wissenschaftlicher Bedeutung sind. Wir saßen beim Déjeuner im Speisesaal des Schlosses Miramare. Die hohen Türen, die auf die Schloßterrasse mündeten, standen offen. Da sahen wir eine schlanke Jacht sich dem Schlosse nähern. Wir überlegten, was dies zu bedeuten habe, rieten hin und her, als plötzlich in der Türe, von der Terrasse kommend, eine Gestalt auftauchte, ein Mann in abgetragener Redingote, mit staubigen Schuhen und einem vorsintflutlichen Hut. Unsere Blicke waren starr auf die seltsame Erscheinung gerichtet. Ich dachte, es sei ein Landstreicher, der sich hierher verirrt habe. Doch zu unserem lebhaften Erstaunen ging dieser Mann mit weltgewandter Gelassenheit, einige Worte der Entschuldigung ob der Störung vorbringend, auf Erzherzogin Maria Josepha zu, die, nun den Erzherzog Ludwig Salvator erkennend, aufstand und ihm einige Schritte entgegenging. Das Würdevolle seines Wesens und seine Ausdrucksweise verwischten sofort den ungünstigen Eindruck, den sein vernachlässigtes Äußeres hervorgerufen hatte. Es wurde neben die Frau Erzherzogin ein Stuhl geschoben, auf dem der Erzherzog Platz nahm. Er hatte kaum einige Worte gesprochen, als wir schon unter dem Bann seiner unleugbar bedeutenden Persönlichkeit standen. Seine Konversation war leicht und anregend. Als ich bezüglich der Trauben, die eben serviert wurden, die Bemerkung machte, sie seien so groß, nahezu wie die Trauben von Kanaan, griff er sofort diesen Gesprächsstoff auf, erzählte Interessantes aus Palästina und ließ sich eingehend über die außerordentliche Fruchtbarkeit dieses Landes aus, welches die Bezeichnung ›gelobtes Land‹ vollauf verdiene ... Trotz des anregenden Stoffs, den er behandelte, streifte mein Blick seine äußere Erscheinung.

Da bemerkte ich, daß er an den nicht ganz sauberen Manschetten keine Knöpfe trug, sondern daß diese durch einen spagatarti-

gen, durch die Knopflöcher gezogenen Bindfaden ersetzt waren. Einige Tage darauf erwiderten Erzherzogin Maria Josepha und Erzherzog Karl den Besuch. Ludwig Salvator hatte seine Jacht zu diesem Zweck nach Miramare gesendet. Diese war insofern bemerkenswert, als der größte Raum darin einer Gelehrtenstube glich. An den Wänden standen Regale, auf denen Bücher in wüstem Durcheinander lagen. Wir besichtigten mit einer gewissen Ehrfurcht diese Zeugen hoher Gelehrsamkeit, als Erzherzog Karl plötzlich hellauf lachend mit dem Ausruf ›Was ist denn das?‹ einen nicht ganz reinen, ehemals weißen Atlas-Damenschuh aus einem Bücherknäuel her-

*Partie aus dem Schloßpark von Miramare. Um 1870.*

sein Neffe, Erzherzog Leopold Ferdinand, »und sich eine Art Harem angelegt. Wie ein alter Patriarch hauste er da mit seinen vielen Frauen und unzähligen Kindern, die halb nackt herumliefen und zur Mittagszeit durch ein Pfeifensignal, das er selbst abzugeben pflegte, zum gemeinsamen Mahle herbeigerufen wurden. Für die umliegende Landbevölkerung, in deren Adern das Blut der verwegenen arabischen Korsaren, der Spanier und der Provencalen kreiste, war er das geistige Oberhaupt, zu dem sie in den verschiedensten Angelegenheiten sich Rat holen kamen, um so mehr, als er das eigentümliche Idiom dieser Insel vollständig beherrschte.« »El Archiduque«, seine Wohltätigkeit und Großzügigkeit wie auch seine ungewöhnlichen Lebensgewohnheiten sind bis auf den heutigen Tag auf Mallorca unvergessen.

Doch zurück nach Miramare. Auch die Fürstin Elisabeth (Erzsi) Windischgrätz, die Enkelin des Kaisers, hatte von ihrem Großvater, der sie trotz ihrer Extravaganzen sehr liebte, die Erlaubnis, zeitweilig in dem Schloß zu wohnen. Bezüglich der Wohnrechte kam es unter den Mitgliedern der kaiserlichen Familie mitunter zu Zwistigkeiten, wie die folgende Episode zeigt: Die Fürstin Windisch-Graetz verbrachte den Winter 1912/13 in Miramare und gedachte, den Aufenthalt möglichst bis in das Frühjahr hinein auszudehnen, obwohl sie wußte, daß die Thronfolgerfamilie für März angesagt war. Sie weigerte sich beharrlich, abzureisen, mit der Begründung, ihre Kinder wären krank. Der ungeduldige Franz Fer-

vorzog und in die Höhe hielt. Als sich die Jacht unserem Ziel näherte, sahen wir eine von jungen Matrosen geruderte Jolle sich uns nähern. Erzherzog Ludwig Salvator kam der Frau Erzherzogin entgegen, um sie und Erzherzog Karl ans Land zu bringen. Nach der Rückkehr in die Jacht, die inzwischen vor Anker gelegen war, sagte mir Erzherzog Karl, daß die Matrosen in der Jolle verkleidete junge Mädchen gewesen seien.«

Ludwig Salvator, ein Bruder Erzherzog Johann Salvators, des späteren Johann Orth, war ein liebenswürdiger Sonderling, der nichts so sehr haßte als den Zwang des strengen Wiener Hoflebens. Mit Einwilligung Kaiser Franz Josephs wurde er schon in jungen Jahren auf der Mittelmeerinsel Mallorca ansässig und verbrachte dort den größten Teil seines Lebens als Privatgelehrter. »Er hatte dort ein einfaches Landhaus erbaut«, schreibt

dinand entsandte daraufhin seinen Leibarzt Dr. Eisenmenger nach Miramare mit dem Auftrag: »Schauen Sie nach, was los ist, und machen Sie Ordnung. Ich will nicht länger warten.« Eisenmenger stellte bei den Kindern eine leichte Verkühlung fest, erklärte sie aber für reisefähig. »Nach einem zwölfstündigen Aufenthalt in der Telephonkammer hielt ich meine Aufgabe für erledigt«, schreibt Eisenmenger darüber in seinen Erinnerungen. »Der Kaiser hatte seinen Bericht, Miramare war frei, für die Fürstin war eine Villa in Brioni gemietet, und die kaiserliche Jacht ›Fasana‹ sollte sie hinbringen.«

Noch heute sagen die Menschen in Triest: »Das Beste, was uns ›Massimiliano‹ hinterlassen hat, ist der Schloßpark von Miramare.« Es ist in der Tat staunenswert und bewunderungswürdig, daß den damaligen Hofgärtnern das Kunststück gelungen ist, inmitten der felsigen Uferlandschaft eine dermaßen bezaubernde grüne Oase anzulegen. Das konnte selbstverständlich nur unter größten Anstrengungen geschehen, indem ganze Lastzugsladungen von fruchtbarer Erde herangeführt und aufgeschüttet wurden. Für die Auswahl der Bäume, Sträucher und Blumen sorgte der Gartenarchitekt Anton Jellinek, ein Fachmann ersten Ranges, der schon die »Novara«-Expedition als Botaniker mitgemacht hatte. Von Spanien und aus dem Himalajagebiet ließ er Tannen und Fichten kommen, aus Nordafrika und aus dem Libanon Zedern und Zypressen aus Mexiko und Kalifornien. Ferdinand Max selbst befaßte sich liebevoll mit der Anlage des Parks; für jeden Winkel

dieses kleinen Paradieses erfand er romantische Namen, wie »Kamelien-Weg«, »Poeten-Weg« usw. Mit eigener Hand setzte er zahlreiche Sträucher, und sein besonderer Stolz galt den von ihm persönlich gepflegten Rosenbeeten.

Die Sorge um das Gedeihen und die Verschönerung des Parks hat Maximilian nie ganz verlassen, auch dann nicht, als er schon längst die Krone Mexikos trug. Der letzte Detailentwurf für den Park wurde in Puebla ausgearbeitet und mit dem 30. Dezember 1866 datiert. Der letzte aus Querétaro an den Schloßverwalter von Miramare gerichtete Brief trägt das Datum 15. Juni 1867 – das war vier Tage vor Maximilians Tod.

Seit 1955 ist Schloß Miramare ein staatliches Museum. Wie die Besucherzahlen zeigen, ist das Interesse am Schicksal Kaiser Maximilians und an allem, was an ihn erinnert, nach wie vor ganz enorm.

Und wenn an lauen Sommerabenden im kleinen Hafen die ergreifende Geschichte von Maximilian und Charlotte optisch und akustisch in einer von Marcel Prawy inszenierten Multimedia-Show heraufbeschworen wird, dann gilt dem unglücklichen Kaiserpaar das ganze Mitgefühl des internationalen Publikums.

Zwischen Schloß Miramare und Sistiana (dem antiken Setilianum) verläuft hoch über dem Meer, an die Felshänge geschmiegt, der schönste Teil der Küstenstraße, die von Triest westwärts führt. Sistiana liegt in einer fast kreisrunden, überaus idyllischen Bucht. Zur Zeit der Monarchie war es noch ein unbedeutendes Fischerdorf und vom Fremdenverkehr beinahe unberührt. Nichts deutete darauf hin, daß hier einstens einer der beliebtesten Badeorte an der Nordadria entstehen sollte. Dafür aber vergaß kein Reiseschriftsteller seine Leser darauf hinzuweisen, daß es keinen reizvolleren Spazierweg in der Umgebung von Triest gäbe als denjenigen, der Sistiana mit Duino verbindet. Rainer Maria Rilke wird diesen Weg wohl oft gegangen sein, als er in den Jahren 1910 bis 1914 des öfteren die großzügige Gastfreundschaft der Schloßherren von Duino genossen hat.

Schloß Duino thront massig, dunkel und weithin sichtbar hoch über dem Meer auf einer Terrasse einer Landzunge. Zu Beginn des 15. Jahrhunderts den Herren von Wallsee zugehörig, kam es nach mehrmaligem Besitzwechsel an das lombardisch-österreichische Geschlecht der Grafen Torre e Tasso, aus dem später Thurn und Taxis geworden ist, das vor Jahrhunderten auf den Spuren der alten Römerstraßen die erste Post Europas organisierte. Von dem römischen Mauerwerk, auf dem das Schloß errichtet wurde, ist noch ein viereckiger Turm erhalten, der angeblich aus der Zeit Diokletians stammen soll. Unterhalb des Schlosses, unmittelbar vor dem Steilabfall zum Meer, sieht man noch die Reste der »Alten Burg« aus dem 11. Jahrhundert, einen zerfallenen Turm und zerbröckeltes Gemäuer. Dieser schwerbefestigte Felsen war Zeuge der vielen blutigen Kämpfe, welche die Duineser gegen Venedig, die Türken und die räuberischen Uskoken auszufechten hatten. Um eine weiße, bizarre Klippe, in der Phantasiebegabte ein faltenreiches Frauenkleid erkennen wollen, rankt sich die Sage von der geheimnisvollen »dama bianca«, die in dem Augenblick zu Stein erstarrt war, als sie von ihrem grausamen Gatten von dem Felsen in das Meer gestürzt wurde. Die Fürstin Therese von Hohenlohe hat diese Sage zum Sujet einer gefühlvollen Ballade gemacht.

Und da die Überlieferung auch einem historisch bezeugten Ereignis gerne eine legendäre Note gibt, wird mit phantasievoller Ausschmückung erzählt, wie in der »Alten Burg« von Duino die ersten Beobachtungen gemacht wurden, die zur Erfindung des Blitzableiters führten. Ein Wächter, der beauftragt war, beim Herannahen eines Sturmes eine Glocke zu läuten, die durch einen Draht mit seinem Auslug verbunden war, bemerkte nämlich, daß an gewittrigen Tagen Funken aus seiner Pike sprühten, wenn er dem Draht zu nahe kam.

*Schloß Duino. Um 1908.*

Einer anderen Legende zufolge soll Dante in Duino als Gast des Grafen Hugo VI. geweilt haben, als er Pagano della Torre, den Patriarchen von Aquileia, aufsuchte. Im Volksmund nannte und nennt man jedenfalls noch heute einen Felsen in der kleinen Bucht zwischen dem Schloß und der alten Burg »il sasso di Dante«. Jahrhunderte später empfing die Fürstin Marie von Thurn und Taxis Rainer Maria Rilke auf Schloß Duino. Die Fürstin hatte den damals 34jährigen Dichter 1909 in Paris kennengelernt und fühlte sich, wie sie selbst gestand, »von seinem einzigartigen Charme angezogen«. Aus der flüchtigen Begegnung entwickelte sich ein reger Briefwechsel, der 17 Jahre lang – bis zum Tode des Dichters – fortdauerte. Einer

Einladung folgend, traf Rilke im April 1910 zum ersten Male in Duino ein. »Ich hatte unserem Gast ein nur selten bewohntes Zimmer zugedacht, das mir für ihn wie geschaffen schien«, schrieb die Fürstin Marie in ihren Erinnerungen. »Ein Eckzimmer mit Fenstern nach drei Seiten und einer kleinen versteckten Stiege, die zum Oratorium führte. Die Decke war mit sehr feinen venezianischen Stukkaturen geschmückt. Trotz der drei Fenster war der Raum ziemlich düster und immer von einer eher unheimlichen Atmosphäre erfüllt, worüber sich eine meiner Schwestern schon öfters beklagt hatte. Aber Rilke liebte es so und war besonders glücklich über die große Stille, die ihn umgab; er hatte keine Nachbarn, da sich auf der einen Seite die Schloßkapelle, auf der anderen, die ganze Breite des Schlosses einnehmend, der große Speisesaal be-

fand, dessen langer steinerner Balkon aufs offene Meer blickte. Triest, Miramare und die istrischen Berge lagen links von unserem Felsen.«

Die kostbaren Tage des Beisammenseins verliefen in ungetrübter Harmonie. Frühmorgens wurden lange Spaziergänge unternommen, manchmal Tagesausflüge nach Triest und Capo d'Istria arrangiert. Häufig kam das »Quartetto Triestino« auf das Schloß. »Wie klangen Beethoven und Mozart auf der großen Terrasse, wie tönten sie weit übers Meer!« erinnerte sich die Fürstin weiter. »Die Terrasse hatte eine ausgezeichnete Akustik, das Schloß erhob sich darüber in mächtiger Breite und wirkte wie ein guter Resonanzboden. Die Saiteninstrumente gewannen dadurch eine unglaubliche Stärke und wurden bis weit hinaus gehört. Oft erschienen Fischerbarken vom Horizont her und näherten sich lauschend unserem Felsen. Diese Terrasse bildete die Plattform eines der Befestigungstürme gegen das Meer – ein viereckiger Platz mit steinerner Brüstung, auf dem eine verwirrende Fülle von Blumen aller Art wuchs, dazwischen, üppig wuchernd, dichter, uralter Efeu. In der Mitte stand ein rosafarbiger Marmorbrunnen aus Venedig mit einem großen Strauch immerblühender Monatsrosen... Darüber wölbte sich eine Pergola, die ausgezeichnete Muskatellertrauben trug. Alles klang vollendet zusammen... Herrlich waren auch die Mondscheinnächte auf der Terrasse, wenn es ganz still war und nur die Nachtigallen sich hören ließen.«

Der extreme Egozentriker Rilke, der ge-

wohnt war, nur den Gesetzen seiner eigenen Persönlichkeit zu gehorchen, hat sich auf Duino – wie er immer wieder bestätigte – überaus glücklich gefühlt und sich auch auf erstaunliche Weise dem Lebensrhythmus der Schloßherrschaft angepaßt. »Jetzt ist alles gut, ja, jetzt ist alles gut«, soll er oft gesagt haben. »Etwas Seltsames, wie er oft meinte, etwas Magisches hatte in unserer Begegnung, dieser merkwürdigen, ganz unvorhergesehenen Begegnung gelegen, die ihn an die Stelle führte, wo die herrlichste Blüte seines Geistes sich entfalten sollte.« Die Fürstin spielte damit auf die »Duineser Elegien« an, welche der Dichter 1912 auf Duino begonnen hatte, allerdings erst 1922 auf dem Schlößchen Muzot in der französischen Schweiz beendete.

Unser nächstes Ziel ist die uralte Seestadt Grado, für die nach einer jahrhunderte-langen Ruhepause 1892 eine neue Blütezeit begann, allerdings nicht als Hafenstadt und Bischofssitz, sondern als amtlich anerkannter »k. k. Kur- und Badeort«, der sich zudem rühmen durfte, den weitläufigsten und sonnigsten Sandstrand des österreichischen Küstenlandes zu besitzen.

Auf einer langgestreckten Insel, zwischen Lagune und offenem Meer gelegen, war »Gradus« in der römischen Zeit ein sehr wichtiger Warenumschlagplatz und Bestandteil der ausgedehnten Hafenanlagen von Aquileia. Zugleich war es auch eine gern besuchte Sommerfrische der wohlhabenden Bürger dieser Stadt, die damals schon die wohltuende Wirkung des warmen, feinen Meersandes bei allerlei Beschwernissen und Krankheiten zu schätzen wußten. Als Attila mit seinen Hunnen Aquileia 452 zerstörte, flüchtete der Bi-

*Grado. Altstadt.*
*Vor 1914.*

schof mit der Gemeinde und dem Kirchenschatz vorübergehend auf die Insel. Noch folgenschwerer für die unter großen Opfern wiederaufgebaute Stadt war 568 der Einfall der Langobarden. Zu Tausenden flohen die um Hab und Gut gebrachten Menschen vom Festland hinaus in die Lagune, und der Patriarch Paulinus verlegte die bischöfliche Residenz wiederum nach Grado. Sein Amtsnachfolger Elias, einer der profiliertesten Kirchenfürsten jener Zeit, weihte die berühmte Basilika der Märtyrerin Euphemia, der Patronin des Konzils von Chalkedon. Damals erklärten die Bischöfe von Venetien und Istrien Grado feierlich zum »Aquileia nova« und zur kirchlichen Metropole ganz Venetiens.

Diese Regelung war nicht von langem Bestand. Schon im Jahre 606 machte sich Aquileia in großartiger Selbstherrlichkeit wiederum selbständig und erwählte einen eigenen Patriarchen. Damit kam es zu der ungewöhnlichen Situation, daß sich – kaum zwei Meilen voneinander entfernt – zwei Patriarchensitze erhoben. Die so eng benachbarten geistlichen Würdenträger gerieten, wie leicht vorauszusehen war, alsbald miteinander in einen erbitterten Rangstreit, der selbst durch päpstliche Vermittlung nicht geschlichtet werden konnte. Rom zog sich schließlich aus der Affäre, indem es beide Patriarchate anerkannte und jedem seine eigene Einflußsphäre zuwies. Der Patriarch von Grado wurde das kirchliche Oberhaupt von See-Venetien. Unter seiner Ägide wählte man 697 den ersten Dogen, Paolo Lucio Anafestus, der zuerst allerdings in Eraclea residierte, das zusammen mit den kleinen Bistümern Torcello, Caorle, Jesolo und Malamocco zu Grado gehörte. (Nach Venedig wurde der Dogensitz erst 1105 unter dem Dogen Giovanni Gradenigo verlegt.)

In diese Zeit des frühen Mittelalters fällt die wirtschaftliche und politische Hochblüte der Patriarchenstadt. Grado war zur Seemacht geworden. Bis zum 10. Jahrhundert stieg sein Stern unaufhaltsam, um dann allerdings umso rascher vom aufgehenden Stern Venedigs überstrahlt zu werden.

Die Zänkereien zwischen den allzu nahe nebeneinander wohnenden Kirchenfürsten hatten indessen unvermindert angehalten; erst durch die Trennung der Streitenden wurden sie endgültig beendet: Der Patriarch von Aquileia zog nach Cividale, jener von Grado nach Venedig. Das geschah 1451 aufgrund einer päpstlichen

*Grado. Hauptplatz.*
*Foto: M. Fürst. Vor 1914.*

Bulle, wohl aber auch über Wunsch der mächtig gewordenen See-Republik. Da zusammen mit dem Patriarchen viele mächtige Familien nach Venedig übersiedelten, verarmte Grado zusehends und verlor an Ansehen und Bedeutung. Schon im 16. Jahrhundert war aus der blühenden Handelsstadt und glänzenden Bischofsresidenz ein belangloses, von der Welt vergessenes Fischerstädtchen geworden, das mit schöner Regelmäßigkeit schweren Sturmfluten und häufigen Plünderungen durch Seeräuber schutzlos preisgegeben war.

1809 kam Grado mit den illyrischen Provinzen unter napoleonische Herrschaft, sehr zu seinem Nachteil, wie sich recht bald herausstellen sollte. Ein Jahr später erschien nämlich die feindliche englische Flotte vor der Stadt und schoß sie in Brand, wobei viele Kunstschätze, vor allem unersetzliche Urkunden des Stadtarchivs, vernichtet wurden. 1812 gab es wiederum Aufregung, als französische Truppen einrückten. Durch volle zwei Jahre hielten sie Grado besetzt. Erst nach dem Wiener Kongreß wurde die Inselstadt wieder österreichisch.

III

Nun besaß und besitzt die Insel, wie schon früher erwähnt wurde, den besonderen Vorzug eines wunderbaren Sandstrandes. Weicher, warmer Sand, so weit das Auge reicht. Er wurde zu dem unschätzbaren Kapital, das der Insel zu neuem Wohlstand und sogar zu Weltberühmtheit verhalf. Als man in den siebziger Jahren des vorigen Jahrhunderts an der österreichischen Adriaküste förmlich auf die Suche nach geeigneten Stellen für die Gründung von Seebädern ging, wurde Grado als Badeort entdeckt.

Bemerkenswerterweise standen anfänglich nicht so sehr das vergnügliche Badeleben und der gerade in Mode kommende Wassersport im Vordergrund, sondern die medizinische Komponente eines Meeresaufenthaltes. Was schon den Römern bekannt war, fand jetzt seine wissenschaftliche Bestätigung, nämlich daß ein heißes Sandbad bei schmerzhaftem Podagra und Rheumatismus geradezu Wunder wirkt. Außerdem erforschte man, daß das Meer vor der Küste Grados den höchsten Salzgehalt der Adria hat und das Inselklima durch den Einfluß einer vorbeiziehenden warmen Meeresströmung noch milder ist als das Klima an anderen Stellen zwischen Triest und Venedig. Bessere Voraussetzungen für eine »Thalassotherapie«, wie die so schön akademisch klingende Bezeichnung für eine Meeresbehandlung lautet, konnte es gar nicht geben. Ein Pionier der Meereskuren war der 1813 in Florenz geborene Arzt Dr. Giuseppe Barellai. Er war ein Anhänger des Risorgimento und kämpfte 1848 gegen die habsburgische Herrschaft in Italien. Im späteren Lebensalter ließ er sich im Küstenland der Monarchie nieder, schrieb mehrere wissenschaftliche Bücher über Seebäder und Seehospize und gründete 1883 die erste Kuranstalt in Grado.

Die Gäste kamen zuerst nur aus der näheren Umgebung: Triest und Görz waren einen Katzensprung entfernt, und Grado konnte von dort mit Pferdefuhrwerken in einem halben Tag leicht erreicht werden. Allerdings ging der Landweg nur bis Belvedere, wenige Kilometer südlich von Aquileia, wo man auf ein Dampfboot umsteigen mußte, das einen durch die Lagune zur Insel brachte. Die k. k. Friaulerbahn von Monfalcone nach Cervignano wurde 1894 eröffnet, das Anschlußstück bis Belvedere zur »Stazione Imbarcatoio«, dem Landungsplatz der »Vaporetti«, erst 1910. Alle Eisenbahnzüge hatten in Monfalcone selbstverständlich Anschluß an die Fernverbindungen der Südbahn nach Wien, Prag, Budapest, Berlin und Paris, und die polyglotten Stationsportiere riefen die An- und Abfahrtszeiten in mehreren Sprachen aus. Die Besucherzahlen Grados stiegen von Jahr zu Jahr, Hand in Hand damit gingen eine Zunahme der Fremdenlogis und die Verbesserung des Komforts. Die Stadtväter betrachteten das wachsende Interesse an ihrer Gemeinde mit größtem Wohlgefallen, gewissermaßen als einen Fingerzeig Gottes, und unterstützten jede Aktivität, die auf eine Hebung des Fremden- und Touristenverkehrs hinzielte. Mit nicht geringen Mitteln förderten sie den Bau von Molen, damit die Insel nicht noch mehr vom Schirokko benagt und von den Adriawellen überspült werde. Eine für damalige Begriffe ungemein großzügige Raumplanung schuf innerhalb weniger Jahre zwischen breiten Alleen, stillen Gärten und anmutigen Bosketten ein lebhaftes und modernes »Jung-Grado« von Villen, Pensionen und Hotels. Entlang des ausgedehnten, sanft geneigten Strandes entstanden Bade- und Sportanlagen, wie man sie in dieser Weitläufigkeit bisher

noch nicht kannte. Während über den Calli und Campielli der Altstadt der Hauch vergangener Zeiten schwebte, ging »Jung-Grado« in der sommerlichen Geschäftigkeit des Strandlebens einer neuen, wahrhaft glänzenden Zukunft entgegen, vollzog sich sein Aufstieg zum Treffpunkt der Hautevolee, zum neuen gesellschaftlichen Mekka und, wie man auch gerne sagte, zum »Ostende der Adria«, was aber eine Torheit war, weil Grado es gewiß nicht nötig hatte, von auswärts eine Anleihe zu nehmen.

1912, zwei Jahre bevor nach Lord Greys vielzitiertem Wort »in Europa die Lichter ausgingen«, wurden in der Stadt 14.000 Sommergäste gezählt. Es war die beste Saison in der österreichischen Zeit und ein nicht zu übersehender Vorgriff auf den Massentourismus späterer Jahrzehnte, die Grado zum »Strand der Wiener« werden ließen. Jedenfalls traf für Grado nicht zu, was (gleichfalls im Jahre 1912) der in Berlin tätige Geograph und Kartograph Norbert Krebs spöttisch über die adriatische Küstenlandschaft geschrieben hat: »Diese Fischerdörfer sind alte Matronen in verschlissenen Prachtgewändern, die nicht einmal das Geld haben, sie zu flicken.« Das war überheblich und stimmte außerdem nicht. Gerade die »Matrone Grado« besaß ja deswegen eine so große Anziehungskraft, weil hier nicht nur der geruhsame Genießer der Badefreuden und der Kurbedürftige auf ihre Rechnung kamen, sondern weil die Stadt auch dem Kunstfreund etwas zu bieten hatte. Romantiker liebten schon immer die Spazier-

*Der Badestrand von Grado.*
*Um 1912.*

gänge in den engen Gäßchen rings um die wunderbare Basilika Santa Euphemia, mit ihren alten Häusern im venezianischen Stil und den mit Geranien beladenen Balkons. Sie liebten den alten Hafen mit den kleinen Fischrestaurants und den Weinstuben, wo der milde leichte Weißwein der Terraferma und der schäumende Prosecco ausgeschenkt werden. Stefan Zweig hat diese wahrscheinlich schönste und älteste Fußgängerzone in seinen Novellen erwähnt.

Heute wird das Bild Grados, ebenso wie jenes der benachbarten Badestrände von Lignano, Caorle und Jesolo, vom Massentourismus geprägt. Zwar steigt noch immer die feine Gesellschaft von heute in den Nobelhotels ab, vornehmlich dann, wenn der ärgste Sommerrummel noch nicht begonnen hat oder schon wieder vorbei ist; aber das ist, gemessen am übrigen Tourismus, nicht mehr ausschlaggebend.

Man hört mitunter die Meinung, daß das »Goldene Zeitalter Grados« mit dem Untergang der Monarchie zu Ende gegangen sei. Und damit drängt sich die naheliegende Frage auf, wodurch sich die Gäste von heute von jenen, die in der angeblich so guten alten Zeit gelebt haben und deswegen beneidet werden, unterscheiden. In der Kleidung, in der Mode, das ist selbstverständlich. Zu einem Gutteil in der Lebensart. Unbestritten aber in der Art des Genießens.

# Personenregister

# Ortsregister

An der ehemaligen österreichischen Riviera waren fast ausschließlich italienische Ortsbezeichnungen gebräuchlich. Sie werden daher im Text verwendet. Bei den übrigen Ortsbezeichnungen wurden jene verwendet, die in der österreichisch-ungarischen Monarchie gebräuchlich waren. In Klammer werden die heute üblichen Ortsbezeichnungen angegeben.

# Literaturnachweis

*Aichelburg*, Wladimir: Erzherzog, Gelehrter und Seemann (Ludwig Salvators Reisen), in: Yachtrevue, Heft 9, 1979.

*Bauer*, Ernest: Drei Leopardenköpfe in Gold – Österreich in Dalmatien, Wien 1973.
*Bayer von Bayersburg*, Heinrich: Österreichs Admirale 1719–1866, Wien 1960.
*Benedikt*, Heinrich: Damals im alten Österreich, Wien 1979.
*Biehn*, Heinz: Residenzen der Romantik, München 1970.

*Clar*, Conrad: Die Winterstationen im alpinen Mittelmeergebiet, Leipzig 1894.
*Coburg*, Prinzessin Louise von: Throne, die ich stürzen sah, Wien 1926.
*Condanari*, Marco: Geographie und Wirtschaft der Insel Losinj mit besonderer Berücksichtigung des Fremdenverkehrs, Diplomarbeit, Wien 1974.
*Corti*, Egon Caesar Conte: Maximilian von Mexiko, Wien 1978.

*Düringsfeld*, Ida von: Aus Dalmatien, Prag 1857.

*Eisenmenger*, Victor: Erzherzog Franz Ferdinand, Wien 1930.
*Ekl*, Vanda: Liburnijske Teme, Opatija 1977.

*Fink*, Humbert: Adriatische Ufer, Wien 1978.
*Franzel*, Emil: Franz Ferdinand d'Este, Wien 1964.
*Führer durch Brioni*, herausgegeben von der Brioni-Insel-Zeitung, Brioni o. J.

*Geschichte der Eisenbahnen der österreichisch-ungarischen Monarchie*, Wien 1898.
*Glax*, Julius: Winterkurort und Seebad Abbazia – Ein Führer für Kurgäste, Abbazia 1910.

*Hackländer*, Friedrich Wilhelm: Vater Radetzky – Bilder aus dem Soldatenleben im Kriege, Stuttgart 1886.
*Hamann*, Brigitte: Rudolf, Kronprinz und Rebell, Wien 1978.

*Krebs*, Norbert: Die Halbinsel Istrien, Leipzig 1907.
*Kupelwieser*, Paul: Aus den Erinnerungen eines alten Österreichers, Wien 1918.

*Kuppe*, Rudolf: Dr. Karl Lueger, Wien 1947.
*Kur- und Badezeitung der österreichischen Riviera*, Illustriertes Wochenblatt, Abbazia 1907–1914.

*Littrow*, Heinrich von: Fiume und seine Umgebungen, Fiume 1884.
*Littrow*, Heinrich von: Von Fiume nach St. Peter; Reisebilder in gemüthl. Reimen, Wien 1877.
*Ludwig Salvator*, Erzherzog von Österreich: Lose Blätter aus Abbazia, Wien 1886.
*Luppis*, Henriette: Die Villa San Michele in Lovrana, maschingeschr. Manuskript, Lovran 1977.
*Lussingrande*, Führer, o. A., Wien 1910.

*Noé*, Heinrich: Tagebuch aus Abbazia, Wien 1884.
*Nostitz-Rieneck*, Georg (Hrsg.): Briefe Kaiser Franz Josephs an Kaiserin Elisabeth 1859–1898, Wien 1966.

*Die österreichische Riviera in baulicher Hinsicht*, in: Zeitschrift des Österreichischen Ingenieur- und Architektenvereins, Jg. 1908, Nr. 28, Wien.
*Die österreichisch-ungarische Monarchie in Wort und Bild*, Wien 1891.

*Püchel*, Rudolf: Meine Jagderlebnisse mit Kronprinz Rudolf, St. Pölten 1978.

*Reisealbum für die Linien der k. k. Österreichischen Staatsbahnen*, 5. Jg., Wien 1910.
*Reisehandbuch der k. k. priv. Südbahn-Gesellschaft*, Wien o. J.
*Rosegger*, Peter: Beim Kronprinzen Rudolf, in: Heimgarten 12 (1888).

*Schiel*, Irmgard: Stephanie – Kronprinzessin im Schatten von Mayerling, Stuttgart 1978.
*Schneider*, Siegmund, und *Imendörfer*, Benno: Mein Österreich, mein Heimatland, Illustrierte Volks- und Vaterlandskunde des österreichischen Kaiserstaates, Wien 1915.
*Schweiger-Lerchenfeld*, Amand von: Abbazia, Idylle von der Adria, Wien 1883.
*Schweiger-Lerchenfeld*, Amand von: Die Adria. Land- und Seefahrten im Bereiche des Adriatischen Meeres, Wien 1883.
*Stepski*, Julius von: Geschichte und Intrige, Wien 1940.

*Stöckl*, Fritz: Eisenbahnen in Süd-Osteuropa, Wien 1975.
*Sylva*, Carmen (Elisabeth von Rumänien): Meine Ruh, Berlin 1901.

*Thurn und Taxis*, Marie: Erinnerungen an Rainer Maria Rilke, München 1933.
*Trost*, Ernst: Das blieb vom Doppeladler – Auf den Spuren der versunkenen Donaumonarchie, Wien 1966.

*Wallisch*, Friedrich: Sein Schiff hieß Novara (Bernhard von Wüllerstorf, Admiral und Minister), Wien 1966.
*Wertheimer*, Eduard von: Graf Julius Andrássy, sein Leben und seine Zeit, Stuttgart 1913.

*Zahorsky-Suchodolski*, Anton M.: Triest, Schicksal einer Stadt, Wien 1962.
*Zerzawy*, Hermann: Vor 40 Jahren – Eine Welt ging unter. Unsere heldenhafte k. u. k. Kriegsmarine, Originalbericht, in: Neue Illustrierte Wochenschau, 9. 2. 1958.